DIEU **EST** **POUR** NOUS

C. Baxter Kruger, Ph. D.,

Published by Perichoresis Press
| P. O. Box 98157 |
Jackson, MS 39298

Dieu Est Pour Nous
ISBN: 978-1-960761-68-2

Traduit de l'anglais par Danièl Perrée

Perichoresis Press est un ministère de Perichoresis, Inc.,
un organisme chrétien à but non lucratif
qui œuvre pour redécouvrir la personne de Jésus-Christ

À propos de l'Auteur

Baxter est marié à Beth depuis 44 ans. Ils ont quatre enfants et sept petits-enfants et vivent à Brandon, dans le Mississippi. Il a obtenu son doctorat (Ph.D.) au King's College de l'Université d'Aberdeen, en Écosse, sous la direction du professeur James B. Torrance.
Le Dr Kruger est l'auteur de dix livres, dont les best-sellers internationaux *The Shack Revisited, Patmos* et son premier petit ouvrage, *The Parable of the Dancing God,* ainsi que de nombreux essais, des centaines d'heures d'enseignement et toute une série d'études en ligne — le tout disponible sur perichoresis.org.
Depuis plus de 30 ans, le Dr Kruger parcourt le monde pour proclamer la bonne nouvelle de notre inclusion en Jésus et de sa relation avec son Père dans l'Esprit. Il aime cuisiner des écrevisses, sculpter à la main des leurres de pêche, jouer au golf et, par-dessus tout, passer du temps avec ses petits-enfants.

Couverture du livre : Grace Golf, Bristol, Royaume-Uni
https://championsofhope.co.uk/
Mise en page : Karen Thompson, Australie-Occidentale
Traducteur : Daniel Perree, Toronto, Canada

À David Upshaw, Clayton James et Steve Horn,
dans l'espérance exprimée en 2 Corinthiens 5:19.

Éloges pour Dieu Est Pour Nous

Dieu Est Pour Nous a renouvelé ma compréhension de Dieu dans mes premières années d'apprentissage de la profondeur de sa bonté — et de la manière dont nous sommes pleinement inclus dans la vie du Dieu trinitaire. Ce qui m'a particulièrement marqué, c'est la façon dont Baxter a su exprimer la passion de Paul pour l'œuvre achevée du Christ. Pendant des années, j'ai lu Paul à travers le prisme de l'obligation et de la gestion du péché, passant à côté de sa passion sans réserve, de son émerveillement et de sa conviction inébranlable — ce livre m'a permis de l'entendre autrement.

— *Robin Smit, auteure*

Dieu Est Pour Nous a réorienté mon esprit, mon cœur et mon âme. Je suis entrée dans un espace sans limites pour comprendre la générosité, la douceur et la gloire de la relation périchorétique du Père, du Fils et de l'Esprit — et le fait que j'y étais intentionnellement incluse ! Cela a ouvert un seuil qui a orienté ma vie, mon apprentissage et ma croissance vers une compréhension de plus en plus profonde de la vérité de mon être, en harmonie avec la manière dont je suis appelée à vivre. Il n'y a pas de retour en arrière. Je serai éternellement reconnaissante. Merci, Baxter !

— *Lise Struthers*

Dieu Est Pour Nous, de C. Baxter Kruger, a profondément réordonné ma théologie concernant la révélation de l'amour du Père manifesté en Jésus. Livre remarquable et captivant, God Is For Us nous accueille dans une communion partagée, immergés dans la vie du Christ. La vérité contenue dans ses pages est vivifiante, intemporelle et toujours actuelle. Je serai à jamais reconnaissante d'avoir été conduite vers ce livre.

— *Felicia Murrell*, auteure de
AND: The Restorative Power of Love In An Either/Or World (Whitaker House)

Dieu Est Pour Nous est une lecture incontournable pour ceux qui travaillent auprès de personnes blessées. De même que les fleurs s'ouvrent au soleil, les âmes meurtries s'ouvrent à la lumière de la bonté de Dieu. De nombreux patients souffrant de troubles mentaux ont été transformés par la réalité de la bonté de Dieu envers nous en Jésus-Christ, telle qu'elle est exposée dans ce petit livre.

Dr Bruce Wauchope
Médecin, Bedford Clinic, Adelaide, Australie

TABLE DES MATIÈRE

Préface

Ce livre magnifiquement écrit se lit comme un chant de louange au Dieu trinitaire de grâce, qui a créé et racheté ce monde pour accomplir ses desseins de gloire. Il est écrit avec un désir passionné de communiquer une théologie biblique profonde dans un langage simple et contemporain, afin que l'Église reste toujours fidèle à son véritable centre : Jésus-Christ.

Dieu est amour, et l'amour implique toujours une communion entre des personnes. C'est exactement ce que nous voyons en Dieu lui-même et dans ses projets pour le monde. Le Père aime le Fils dans la communion de l'Esprit, et le Fils aime le Père dans cette même communion de l'Esprit — un amour réciproque qui s'exprime dans leur « demeure mutuelle », leur périchorèse.

C'est ce Dieu trinitaire de grâce qui a créé ce monde pour en faire « le théâtre de sa gloire », et qui nous a créés, hommes et femmes, pour participer à la vie divine — afin que nous trouvions notre véritable être dans une communion d'amour intime avec Lui et les uns avec les autres. Ces desseins glorieux trouvent leur accomplissement pour nous et en nous par Jésus-Christ, qui, par l'Esprit, nous introduit dans la vie même de Dieu. C'est dans cette lumière que le Dr Kruger expose avec une grande clarté les doctrines centrales de la foi : l'incarnation, l'humanité vicaire, l'expiation substitutive et le sacerdoce permanent de notre Seigneur.

James B. Torrance
Professeur émérite
King's College, Université d'Aberdeen

Chapitre 1 - L'Évangile éternel du Père

Éphésiens 1:3-6

L'apôtre Paul commence sa grande lettre aux Éphésiens par un élan de louange : « Béni soit le Dieu et Père de notre Seigneur Jésus-Christ, qui nous a bénis de toute bénédiction spirituelle dans les lieux célestes en Christ.»

Ce n'est pas ici un vieil homme blasé essayant de réciter, sans conviction, un morceau de liturgie religieuse. Non, c'est une véritable explosion de louange, née de l'émerveillement devant ce qu'il a entrevu — ce que Dieu a fait pour nous en Christ.

Cet homme a vu qu'en Jésus-Christ s'est produit quelque chose d'absolument bouleversant et glorieux — et que cela nous concerne, vous, moi, le monde entier.

Il a vu la grâce souveraine du Père déborder, se répandre et nous combler d'un don céleste presque indescriptible en Christ. Et, à mesure que nous lisons, nous sentons bien que l'apôtre va littéralement éclater s'il ne parvient pas à l'exprimer. Il se lance alors dans une tirade d'une dizaine de versets sans reprendre son souffle.

Ne sentez-vous pas battre le cœur de l'apôtre ici ? Des choses extraordinaires se sont produites en Christ. Nous en faisons partie. Elles sont pour nous et nous impliquent. Et l'apôtre déborde d'impatience à l'idée de nous aider à tout voir avec lui. Il cherche ses mots, pousse les phrases jusqu'à leurs limites, presque jusqu'à la rupture, comme si ce qu'il voyait dépassait tout langage, toute expression possible.

Mais il faut qu'il l'exprime. Il y est poussé, habité, consumé par le besoin de nous le mettre sous les yeux. C'est un homme désespérément inspiré. Il sent que, s'il parvient à le communiquer, l'histoire entière en sera transformée.

La question est : qu'est-ce qui donne à l'apôtre une telle énergie pour communiquer ? Qu'est-ce qu'il voit, qu'est-ce qu'il ressent ? Qu'est-ce qui a pris une telle emprise sur cet homme ? Nous aurions tout intérêt à concentrer toute notre attention sur ces questions.

Il y a trois points clés. Mais avant de les examiner, comprenons bien ceci : Paul part du principe que nous savons tous que nous vivons dans le monde de Dieu. Il y a un Dieu. Et ce Dieu a créé tout ce qui est dans les cieux et sur la terre. Ici, ce qui passionne l'apôtre, c'est le *pourquoi* de cette création — pourquoi Dieu a créé le monde et l'humanité. Il cherche à nous faire voir le sens, la logique, l'intention derrière l'activité créatrice de Dieu… et donc derrière notre propre existence.

Le premier point que Paul souligne, c'est que Dieu le Père a un plan, un plan éternel, conçu, pour ainsi dire, avant même que quoi que ce soit ne soit créé, et qui se tient comme le secret derrière toutes choses. Deuxièmement, le Père n'a pas laissé l'exécution de Son plan au hasard — ni aux rois et aux gouvernements, ni à l'Église et à la politique, ni à vous ou moi. Il a désigné un exécutant de Sa volonté. Il a choisi Celui qui accomplira Son dessein. Il a placé Celui-ci en charge de mener Son plan à son terme. Troisièmement, ce plan est désormais accompli.

Paul ne parle pas d'abstractions théoriques. Il ne parle pas de ce qui pourrait arriver plus tard, quand tout sera enfin mis en ordre. Absolument pas! L'apôtre voit que le plan de Dieu réserve une surprise étonnante. Le Père a désigné Son Fils pour intervenir et réaliser Son dessein éternel. Et Paul se tient là, émerveillé, car c'est ce qui s'est produit. Jésus est venu. L'œuvre est achevée. Ce que le Père avait prévu pour nous avant la création est maintenant définitivement accompli en Jésus-Christ.

Ce premier chapitre des Éphésiens est la tentative verbale de l'apôtre pour nous saisir, nous secouer et nous réveiller, afin que nous puissions contempler la gloire.

Le dessein éternel du Père

Dans les versets 3 à 5, nous trouvons ce que l'on appelle la doctrine de l'élection. Beaucoup de gens n'aiment pas du tout cette idée de l'élection divine. Et leur réticence n'est pas sans raison : il y a eu de vrais problèmes dans la manière dont cette doctrine a été présentée par le passé. Elle a été trop exclusive. On l'a comprise comme la sélection de certains et le rejet d'autres. Mais ici, dans Éphésiens, l'élection est une déclaration nous concernant : nous sommes dans le monde de Dieu. C'est une proclamation : notre monde n'est pas le fruit du hasard, il est délibérément voulu.

La grande force de la doctrine de l'élection, c'est qu'elle donne un but très clair à l'œuvre de Dieu dans la création. L'élection, dans son sens le plus élevé, signifie que Dieu crée pour une raison. Dieu ne crée pas, puis ne se dit ensuite : « Bon, nous avons cette création, cet univers devant nous, nous avons l'homme… que ferons-nous de tout cela?»

Non, c'est tout le contraire. Dieu le Père a d'abord un dessein, un dessein clair et précis. Et c'est pour mener ce dessein à son accomplissement qu'Il crée et fait surgir l'univers et l'humanité à partir de rien.

Sur le plan personnel, cela signifie que vous et moi sommes ici non pas par hasard, mais par dessein. Nous ne sommes pas des accidents. Nous sommes des créatures créées par Dieu, parce qu'Il a un plan qui nous inclut.

À un niveau plus vaste, cela signifie que l'univers, dans son immensité et sa diversité impressionnantes, et l'histoire humaine, dans sa splendeur et sa complexité, sont entièrement engloutis dans le plan que Dieu déroule.

Derrière tout ce qui a pris place dans la création et dans l'histoire se trouve le dessein éternel du Père. Voilà le secret. Et ce dessein n'est plus caché à personne. La raison de toutes choses, y compris de notre existence, n'est plus une énigme, réservée aux super spirituels ou à l'élite religieuse.

Elle a été révélée en Christ, lumière du monde. La lumière de l'existence humaine, la lumière de votre existence, a été donnée en Jésus-Christ pour que tous puissent la voir.

L'apôtre l'a vu. Et il lui est impossible de rester silencieux. Il est si enthousiaste qu'il trépigne d'impatience à l'idée de le partager avec tout le monde. En fait, il proclame ce dessein secret à trois reprises dans les versets 3 à 5, et sous trois angles différents, pour que nous ne puissions pas passer à côté.

Au verset 3, Paul parle de ce dessein en disant que le Père nous bénit de tous les trésors des cieux. C'est une manière plus concrète de traduire l'expression « toutes les bénédictions spirituelles dans les lieux célestes ». Paul dit : voici le plan du Père : nous donner tous les trésors du ciel. C'est la raison d'être de cette création.

Dès le tout premier instant du temps et de l'espace, toute l'histoire converge vers cet objectif. Dieu est bon. Son plan pour nous est bon, glorieux — tous les trésors du ciel. Et notez bien : ce ne sont pas les trésors de la terre que le Père céleste prévoit de nous donner. Ce sont les trésors du ciel — et tous ceux-ci.

Nous ne vivons pas seulement dans un monde divin qui, que nous le voyions ou non, suit le rythme du divin. Nous vivons dans un monde ordonné par Dieu, qui avance vers une fin absolument magnifique. Voilà ce que fait Dieu. Dans l'éternité, Il a décidé de déverser sur nous tous les trésors célestes.

Au verset 4, l'apôtre parle de ce dessein secret en disant que nous sommes destinés à être « saints et irréprochables devant Lui ». Au verset 5, il appelle cela « adoption ». Paul nous dit que nous sommes ici parce que Dieu a un dessein éternel pour nous. Et il nous déclare que Dieu nous a créés pour que nous soyons adoptés dans Sa famille, inclus dans le cercle de Sa propre communion, et conduits à une vie de partage intime.

Adoption ! Adoption ! Adoption ! Voilà la première pensée, le mystère, le secret de tout l'univers. C'est la raison pour laquelle ce monde existe, pourquoi l'homme, l'humanité, l'univers, et l'histoire existent. Supprimez ce dessein, et la création n'a plus de sens, car il n'y aurait plus aucune raison de l'appeler à l'existence ni de la soutenir.

Lorsque nous prenons le temps d'y réfléchir, notre existence même est un don vraiment remarquable. Nous n'étions pas. Nous n'étions pas là du tout. Nous n'avions pas d'esprit, pas de cœur, pas d'yeux pour voir, pas de papilles, pas de mains pour tenir, pas d'amitiés, pas d'amour. Nous n'étions rien. Et nous n'avions aucun pouvoir d'exister.

Mais Dieu nous a appelés à sortir du néant et de l'inexistence, et Il nous a donné l'existence. Il nous a façonnés et nous a amenés ici. Comment ne pas en être émerveillé ? *Nous existons ! Nous existons !*

Mais, aussi merveilleux que soit le simple fait *d'être* et *d'être ici*, l'apôtre nous déclare que le Père n'a jamais eu d'intérêt pour notre simple existence. Il nous dit qu'avant de nous créer, Dieu avait décidé que nous devrions être remplis et débordants de Sa Vie — participants de Sa vie et de Sa gloire.

Vous voyez ce qui se passe ici. L'esprit de Paul s'élève à travers le temps, à travers la longue histoire d'Israël, à travers le Jardin d'Éden, à travers la création, et jusqu'à l'éternité. Et là, dans l'éternité, avant qu'il n'y ait quoi que ce soit, avant la création, Paul voit Dieu le Père. Et il a la permission de scruter le cœur du Père. Et là, il voit ce grand et glorieux dessein pour nous.

Avant qu'il n'y ait quoi que ce soit, le Père a tracé ce plan et pris *cette* décision *pour nous*.

Et la croix du Christ, le Fils éternel et bien-aimé du Père, révèle que cette décision n'est ni une idée vague ni une hypothèse conditionnelle. Ce n'est pas non plus une simple rhétorique. C'est une décision soutenue par une détermination divine. Le Père est enthousiasmé par ses projets bons et glorieux pour nous. Il n'est pas un Dieu du « on verra ». Il n'y a aucune clause conditionnelle dans son cœur. Il est zélé. Il est rempli d'un sérieux inébranlable et d'une détermination absolue à mener son plan jusqu'au bout, quel qu'en soit le coût.

Devant Lui

Prenons un moment pour nous concentrer sur ce dessein du Père. Nous pouvons le faire en méditant sur l'expression « saints et irréprochables devant Lui », et plus particulièrement sur les mots « devant Lui ».

Nous avons plusieurs façons de comprendre cela. On pourrait penser que l'expression « devant Lui » signifie que le dessein du Père pour nous est simplement d'exister, d'être créés, d'apparaître dans sa création et sur la scène de Son histoire. Bien sûr, ce que Paul nous dit inclut notre existence et notre apparition dans la création de Dieu, mais il veut dire bien plus que cela ici.

L'apôtre voit dans le cœur du Père un but bien plus riche que celui de simplement nous accorder l'existence — ce qui est déjà fantastique quand on considère l'alternative. Paul voit quelque chose de beaucoup plus personnel. Le Père cherche une certaine *qualité* d'existence, une certaine *forme* d'être humain et de vie pour vous et moi. Il ne s'agit pas seulement d'exister, mais d'être en *Sa présence,* « devant Lui ».

La NIV traduit « devant Lui » par « in His sight » (« à Sa vue »). Cela nous laisse avec l'image d'être un objet à la vue de Dieu, comme une chaise, un bureau ou un ordinateur sont des objets à ma vue. Mais cela est beaucoup trop impersonnel, trop faible et mort pour ce que l'apôtre a en tête. Ce qu'il voit, c'est que le dessein éternel du Père pour nous n'est pas que nous *soyons* simplement, ou que nous ayons simplement existence, ou que nous apparaissions devant Lui comme des objets, mais que nous soyons faits *participants* de Son existence, baptisés dans Sa gloire, absolument immergés dans Sa vie.

Lisez attentivement cette riche remarque d'un commentateur :

> **« DEVANT LUI » désigne la présence immédiate de Dieu auprès de l'homme et la proximité la plus intime de l'homme avec Dieu. L'image suggère la position et la relation qu'occupent les élites à la cour royale, les enfants auprès de leur père, une fiancée auprès de son époux... » (Markus Barth, *Ephesians*, The Anchor Bible [New York : Doubleday & Co. Inc., 1974], p. 80).

Vous voyez cela ? C'est stupéfiant. Barth parle de « la *présence immédiate* de Dieu auprès de l'homme », de « la proximité la plus intime de l'homme avec Dieu ». L'idée ici n'est pas la simple existence, mais une relation profondément personnelle, de l'intimité, une communion avec Dieu.

Le dessein éternel du Père est de nous faire entrer en existence, et pas seulement en existence, mais dans Sa maison. Et pas seulement dans Sa maison, mais à Sa table, et pas seulement à Sa table, mais à Sa droite. Et pas seulement à Sa droite, mais dans en conversation avec Lui, et pas seulement en conversation avec Lui, mais dans une communion face à face avec Dieu le Père Lui-même.

Mais même ici, nous n'avons pas encore touché à la gloire de tout cela. Car cette communion ne se réduit pas à une simple conversation face à face ou à une relation côte à côte ; il s'agit de la rencontre et du partage des âmes. C'est un partage de vie profondément personnel, une exposition totale de notre être, au point que nous commençons à être en Dieu, et que Dieu commence à être en nous — une cohabitation mutuelle, la *périchorèse*.

Paul parle ici d'être introduit dans une communion avec Dieu si proche, si intime, si profonde, si réelle, si vivante, que tout ce que Dieu le Père est, tout ce qu'Il possède, tous Ses trésors et Sa gloire nous sont partagés personnellement.

Aussi stupéfiant que cela puisse paraître, aussi inconcevable que cela nous semble, c'est ce que Paul dit. Le Père n'a rien destiné de moins que *Lui-même* comme notre héritage.

Il ne se contente pas de notre simple existence. Il nous donne l'existence uniquement pour nous introduire dans une intimité profonde avec Lui — une intimité dans laquelle l'être, la vie et la joie mêmes de Dieu entrent en nous et deviennent nôtres.

Dans son livre *The Weight of Glory*, C. S. Lewis parle de ces moments dans nos vies où nous reconnaissons soudain la beauté. Nous la contemplons soudain, nous devenons très conscients de la beauté de quelque chose — un coucher de soleil, une personne, un tableau, un mot, un geste. Nous sommes saisis, l'espace d'un instant, par le plaisir que les philosophes et les artistes de tous les âges appellent "la beauté".

Mais Lewis poursuit en disant que, aussi merveilleux que soient ces moments, aussi inspirants et agréables qu'ils puissent être, ils ne nous satisfont jamais pleinement. Il ne suffit pas de contempler la beauté. Le désir secret de notre cœur est d'aller au-delà de la simple vision.

> Nous voulons autre chose, quelque chose qui se laisse à peine exprimer par des mots — être unis à la beauté que nous voyons, y entrer, la recevoir en nous, en bénéficier pleinement, en faire partie. (*The Weight of Glory and Other Addresses* [Grand Rapids : William B. Eerdmans Pub. Co., réimprimé en 1975], p. 13).

C'est une belle image de ce que Paul nous dit à propos de Dieu le Père et de Son dessein éternel pour nous. Il n'a jamais envisagé de nous donner de simples aperçus fugitifs de Sa gloire. Le plan depuis l'éternité est que nous soyons inclus dans Sa gloire et Sa vie, unis à elles, baptisés en elles.

Son dessein éternel pour nous n'est rien de moins que le don de pénétrer dans la vie même du Père, de la recevoir en nous, d'en être baignés et d'en devenir partie prenante : Sa vie, sa sécurité, sa paix, sa dignité, sa joie, sa pureté, sa liberté et son amour. Est-ce vraiment étonnant que l'apôtre soit si inspiré ?

Pouvez-vous le croire ? Pouvez-vous croire que c'est ainsi que Dieu est, que c'est Sa volonté, Son plan, Son dessein pour *vous* depuis l'éternité ? Pouvez-vous croire que c'est pour cela qu'Il vous a créé à partir de rien ? Pouvez-vous croire que c'est pour cela qu'Il vous donne la vie maintenant, que c'est de cela que votre existence, votre temps, sont faits ?

L'apôtre déborde d'enthousiasme parce qu'il l'a vu et il sait que c'est bien cela. Il a entendu la conversation entre le Père et le Fils dans l'Esprit avant la création. Il a contemplé le cœur même du Père. Et il nous déclare que *cette* bonne nouvelle, *cette* décision, *ce* dessein pour nous, était dans le cœur du Père avant la fondation du monde. Voilà l'Évangile, l'Évangile éternel.

Avant même que vous ne soyez formé dans le ventre de votre mère, ces cartes, pour ainsi dire, étaient déjà sur la table pour vous. Il n'y a jamais eu d'autre raison à votre existence. Dieu est bon. Ses plans pour nous sont stupéfiants et glorieux.

Sur mesure

Concentrons-nous maintenant sur l'expression « saint et irréprochable ». Cette phrase pourrait se comprendre d'un point de vue légal comme « non coupable, acquitté aux yeux du Juge ». Bien sûr, l'idée d'être pardonné, sans culpabilité, *sans reproche* est bien présente ici. Le Père veut que nous soyons purifiés, sans tache ni défaut. Mais il y a plus que cela.

Ce que Paul nous dit ici se comprend mieux avec des concepts comme « adapté », « juste » et « approprié ». Le Père ne veut pas seulement que nous soyons propres *légalement*. Il veut que nous soyons justes et prêts pour Lui, formés en récipients appropriés pour Sa vie, faits sur mesure pour Sa présence et Sa communion.

L'une de nos premières expériences en essayant de nous installer en Écosse fut de réaliser que nos prises américaines ne rentraient pas dans les prises écossaises. Déjà, la conception des fiches était différente. Mais ce n'était pas le seul problème : nos appareils étaient faits pour une tension différente, ils n'étaient pas adaptés au système écossais. Nous avons compris que nos affaires étaient étrangères, inadéquates, incompatibles, non adaptées et inappropriées pour l'Écosse.

Paul nous dit que le Père a prévu dès le début que nous serions faits sur mesure pour Lui. Il a planifié que nous ne serions pas seulement appelés à exister, mais que nous serions rendus adaptés et justes pour Lui.

Ce plan inclut le rejet et la transformation de tout ce qui est en nous de faux, d'étranger, d'aliéné. Et il inclut notre transformation en ce qui est juste pour Lui. Le Père n'a pas seulement voulu que nous vivions, mais que nous soyons devant Lui, en Sa présence. Et non seulement devant Lui, mais justes et adaptés pour Lui, faits sur mesure pour la communion avec Lui, pour partager Sa gloire et Sa vie.

Adoption

Le même point est exprimé avec un accent légèrement différent au verset 5, dans le mot « adoption ». Au niveau le plus élémentaire, l'adoption est un concept légal. Cela signifie que quelqu'un qui n'est pas enfant de naissance se voit accorder la place d'un héritier légitime, avec le titre légal, les droits et privilèges de la famille. Même à ce niveau, le but de Dieu en matière d'adoption est déjà stupéfiant. L'idée même d'obtenir le titre légal, les droits et privilèges de la famille de Dieu est, pour de simples créatures comme nous, absolument incroyable.

Mais une simple disposition légale ne fait qu'effleurer la pensée de l'apôtre. L'adoption dont il parle dépasse largement le cadre des droits et privilèges légaux. Elle est bien plus personnelle. Ici, l'adoption signifie être pris et inclus dans le cercle de la communion du Père. Cela signifie être inclus dans un cercle où ce qui est partagé n'est pas seulement des droits et privilèges, mais *la vie* elle-même.

Le plan éternel du Père est de se donner *Lui-même* pleinement à nous, de nous donner tout ce qu'Il est et tout ce qu'Il possède, de partager avec nous Sa propre vie et Sa joie indicible, pleine de gloire. L'adoption signifie être inclus dans la vie même de Dieu, devenir participant de Sa plénitude, rempli de Dieu.

De plus, ce dessein de nous inclure dans la vie même du Père implique un plan pour nous façonner sur mesure afin de participer à cette vie. Le but de nous embrasser et de nous inclure dans Sa vie et Sa plénitude comporte un plan d'équipement et de formation, de façonnage et de mise en ordre, pour nous rendre justes et prêts pour Lui. Car le but n'est pas seulement de nous donner des droits et privilèges, mais de nous amener à partager Sa vie.

À quoi servirait-il que le Père se donne pleinement à nous si nous étions étrangers à Lui et incapables de

Le connaître ? L'adoption inclut le plan de nous rendre justes devant Dieu, de nous transformer en union et en communion avec Lui, de nous faire sur mesure pour le Père et Sa communion.

Nous sommes ici au seuil d'une vision libératrice et vivifiante de Jésus-Christ. Mais avant de poursuivre cette ligne de pensée, il nous faut nous arrêter un instant et contempler une fois de plus ce point stupéfiant.

Avant que nous soyons nés, avant que la création ne naisse, avant que nous ayons fait quoi que ce soit de bien ou de mal, Dieu le Père a déterminé que nous serions introduits en union avec Lui et rendus pleinement participants de Sa vie et de Sa gloire. Voilà le plan extraordinaire qui est dans le cœur du Père depuis toute éternité. Des entrailles de ce dessein glorieux, la création a été engendrée et nous avons reçu l'existence. C'est pour cet objectif que nous sommes soutenus et maintenus dans la vie.

Le Maître d'Œuvre

Maintenant, aussi grandiose et glorieux que tout cela soit — presque incroyable — ce n'est pourtant que le commencement de l'Évangile. En fait, nous n'en sommes pas encore réellement arrivés à l'Évangile. Car l'apôtre n'a pas seulement pénétré le cœur du Père et contemplé ce dessein passionné pour nous. Il a entendu le Père déclarer à Son Fils : « Tu es Celui ! » « Tu es l'Élu ! » « Tu es l'Homme destiné à aller accomplir Ma passion pour eux ! »

Vous voyez, des volumes entiers sont compressés dans ces petites expressions : « en Lui » (v. 4) et « par Jésus » (v. 5). Paul nous dit que cette grande décision du Père n'a pas été prise dans l'abstrait. Elle a été prise *en Jésus*. Nous avons été choisis *en Christ*, prédestinés à l'adoption *par Jésus*.

Nous arrivons maintenant au cœur de toutes choses chrétiennes et certainement à la source de l'inspiration de l'apôtre. Le secret même de la vraie vie chrétienne se trouve ici-même.

Mais que signifient ces petites prépositions *en* et *par* ? Il faut réfléchir attentivement, car c'est trop précieux pour passer à côté. Être choisi en Christ, prédestiné *par* Jésus signifie que le Père n'a pas seulement planifié que nous ne serions pas étrangers à Lui, mais que nous serions justes et prêts pour Lui ; Il a aussi planifié le moyen par lequel cela se réaliserait. Et ce moyen, c'est Jésus-Christ, Son Fils éternel incarné. Le Père a déterminé *ce destin* pour nous — embrassés, inclus dans le cercle de Sa présence immédiate, façonnés sur mesure pour participer à Sa vie — et Il a déterminé Celui qui accomplirait cela : Jésus-Christ.

C'est le déclencheur suprême de l'Évangile. Car cela signifie que la venue de Jésus n'est pas une idée après coup. Il était destiné à venir avant même la fondation du monde.

Jésus-Christ n'est pas le Plan B lancé précipitamment après l'échec du Plan A en Adam. Non ! Non ! Non ! Jésus-Christ est le Plan A. Il est le seul plan. Il est la Parole éternelle (Jn 1:1-13,14). Tout a été conçu en Lui (Éph 1:9). Il a toujours été destiné à être Celui en qui toutes choses seraient rassemblées (v.10).

Dès le commencement, le Père a prévu que Son propre Fils viendrait et accomplirait Son dessein éternel pour nous. Jésus est le Maître d'Œuvre éternel du Père. Il a été chargé de la responsabilité de nous rendre saints et irréprochables et de nous amener devant Son Père, avant même que la première particule de la création ne soit appelée à l'existence.

Choisis en Lui, prédestinés par Jésus-Christ, voilà l'image complète de l'Évangile.

Adam n'a jamais été le choisi. Abraham, Moïse, David n'ont jamais été les élus. Vous n'avez jamais été le choisi. Depuis toute éternité, Jésus-Christ est l'Élu. Il a été désigné pour être Celui qui viendrait accomplir les plans du Père pour vous.

Vous n'avez jamais été désignés pour vous rendre vous-mêmes justes devant le Père. Depuis l'éternité, cette responsabilité a été souverainement retirée de vos mains, et placée dans les mains de Jésus-Christ.

Jamais il n'a effleuré l'esprit du Père que quelqu'un d'autre que Jésus serait le médiateur, le souverain sacrificateur, le Sauveur, l'exécuteur de Sa volonté.

Jamais il n'a traversé Son esprit que vous seriez responsables de vous rendre vous-mêmes justes pour Lui. Vous n'êtes pas si importants dans le plan général. Et vous n'êtes pas capables de supporter ce type de responsabilité. Mais Jésus-Christ, Lui, en est capable.

Ce que Paul nous dit, c'est que le Père avait les yeux fixés sur Son Fils incarné, Jésus-Christ, lorsqu'Il fit sortir la création du néant. Le Père a nommé Son propre Fils avant la création, et Il a dit : « Tu es le Médiateur ! » « Tu es l'Exécuteur ! » « Tu es l'Homme vicaire ! »

Avant le commencement, le Père dit : « Toi, Mon Fils bien-aimé, tu iras et tu entreras dans la création. » « Toi, Mon Fils bien-aimé, en qui Mon âme prend plaisir, tu deviendras un être humain, un vrai homme. » « Tu te plongeras au milieu de la brisure humaine et tu l'éradiqueras, et tu forgeras avec Moi la véritable existence humaine pour eux.»

« Tu envahiras et attaqueras toute aliénation et étrangeté et tu les remplaceras par notre vie et notre plénitude. » « Tu pénétreras chaque fibre de l'erreur humaine et la détruiras, la circonciras et la crucifieras. »

« Tu seras leur sainteté et leur irréprochabilité. » « Tu seras leur unité, leur exaltation et leur adoption. »

« Tu franchiras le gouffre, tous les gouffres, qui nous séparent, et tu les amèneras à Moi — sur mesure, justes et prêts pour Moi et pour la vie dans Ma maison. »

Depuis toute éternité, le Père a élu Son propre Fils pour être l'exécuteur de Ses plans pour nous. Voilà une grâce étonnante et, en vérité, humiliante. Depuis le tout début, le Père a placé l'homme solidement à sa place et a élu Jésus de manière glorieuse pour être l'Homme vicaire. Il a prévu que nous serions tissés dans le tissu de l'existence de Jésus.

Depuis le commencement, le Père a décidé que Jésus serait notre chef, notre représentant et notre substitut, au point que ce qui Lui arriverait deviendrait aussi notre expérience. Il a prévu que Jésus serait Celui en qui nous serions radicalement et définitivement purifiés et rendus justes pour Lui. Il a prévu que Jésus serait Celui en qui nos erreurs seraient annulées. Il a prévu que Jésus serait Celui en qui nous serions abaissés et élevés, vidés et remplis de tous les trésors des cieux, crucifiés et exaltés dans le cercle de la communion du Père.

Depuis toute éternité, le Père a prévu qu'en Jésus-Christ nous serions crucifiés, morts et ensevelis, et rendus vivants à nouveau dans l'unité avec le Père.

Choisis en Lui, prédestinés par Jésus-Christ, voilà la nouvelle la plus excitante de l'univers. C'est ce qui a allumé les moteurs de l'apôtre Paul. Il a vu Jésus à la droite du Père depuis toute éternité, et il Le voit là maintenant comme un homme, comme *l'Homme*, comme notre chef, substitut, représentant, médiateur et souverain sacrificateur.

L'énigme de la création s'est ouverte toute grande devant l'apôtre. Il a regardé dans l'éternité et a vu le grand et glorieux dessein du Père pour nous. Cela seul l'a émerveillé. Mais il a aussi entendu le Père charger Son Fils de la responsabilité de l'exécution : « Tu es le Seigneur et Sauveur de Paul, d'Israël, du monde. » Et cela l'a enthousiasmé au-delà de toute mesure.

C'est arrivé

Voici en effet une nouvelle excitante. Mais nous n'en sommes pas encore à toute la gloire de l'évangile. Car ce n'est pas l'éternité, mais *l'histoire*, qui a enflammé l'apôtre. La

Parole que Paul a entendue n'était pas seulement la Parole du Père prononcée dans l'éternité, mais la Parole éternelle de Dieu telle qu'elle s'exprime dans l'action historique. Il a rencontré le Fils incarné et ressuscité de Dieu. Il a vu le Fils du Père sortir de l'éternité et entrer dans l'histoire dans la puissance de l'Esprit. Et il l'a vu accomplir et achever les plans du Père pour nous. Cette vision a envahi son être et l'a rempli d'espérance et de joie, l'a inspiré de vie, et l'a poussé à parler.

C'est une chose de voir qu'il existe un Dieu, que ce monde est divin et créé à partir d'un dessein divin. Cela en est une autre de voir que ce Dieu est paternel, et que derrière tout cela se trouve un unique dessein divin : l'adoption. Et il y a encore autre chose à voir : que ce Père a confié à Jésus-Christ, et non à nous, la tâche d'accomplir Son dessein. Mais là où nous avons le souffle coupé, c'est lorsque nous voyons que Jésus-Christ est bel et bien *venu*.

Paul a vu le Fils bien-aimé du Père entrer dans la création dans la puissance de l'Esprit. Il a vu le Fils aller à la croix, ressusciter des morts et monter vers le Père. Et il a vu que, *par cet acte,* nous avons été purifiés, rendus justes et adaptés pour le Père, inclus et acceptés dans le cercle de Sa présence et de Sa communion — exactement comme cela avait été prévu de toute éternité.

Le dessein du Père a été accompli. C'est terminé. Cela a été réalisé en Jésus-Christ dans la puissance de l'Esprit. Nous avons été rendus saints et irréprochables et amenés dans la présence du Père *en Jésus*. Nous avons été adoptés et inclus dans le cercle béni *en Jésus*.

C'est cela qui rend l'apôtre hors de lui d'excitation et qui l'inspire d'une telle passion et d'une telle attente. Et c'est pourquoi il ouvre cette lettre par une déclaration de l'évangile qui double comme un grand cri de louange : Béni soit le Dieu et Père de notre Seigneur Jésus-Christ, car Il nous a bénis de tous les trésors de la vie céleste en Christ, exactement comme Il l'avait planifié et prédestiné avant la création du monde. Cela s'est produit. Cela a eu lieu. C'est désormais une réalité fondamentale, une réalité divino-humaine, votre réalité.

Arrêtez-vous et absorbez cela. Ce que Paul nous dit, c'est que le dessein éternel du Père est maintenant un fait accompli. Il nous dit que Jésus-Christ est l'acte du Père par lequel nous avons été purifiés, embrassés et façonnés sur mesure pour la présence du Père. Il nous dit que c'est la vérité à propos de nous. Nous avons été acceptés par Dieu le Père Tout-Puissant en Jésus-Christ. Nous avons été unis au Père et à tout ce qu'Il est et possède en Jésus-Christ.

Paul nous déclare que ce n'est pas notre travail de nous rendre justes devant Dieu. Ce n'est pas notre responsabilité de nous forger nous-mêmes un point d'ancrage dans l'existence et la plénitude de Dieu. Ce n'est pas notre tâche de travailler pour entrer dans le cercle béni de l'acceptation de Dieu.

Le Père a confié à Jésus-Christ ce travail et l'a oint de la puissance du Saint-Esprit, et *Jésus l'a accompli* !

Jésus-Christ est l'élu, l'homme unique de poids et d'importance dans tout le plan des choses. Il est le secret. Sa venue et son œuvre sont les seules choses qui comptent. Nous sommes inclus en Lui et dans Son œuvre. Jésus-Christ est notre humiliation et notre exaltation vers la gloire et la vie.

C'est cela qui a court-circuité l'esprit pharisien de Paul et qui est devenu ensuite sa plus grande joie et libération. Le Père a désigné Jésus-Christ pour être notre sauveur, notre point d'ancrage, notre acceptation. Et c'est ce que Jésus-Christ est, maintenant et pour toujours : notre sauveur, notre point d'ancrage, notre acceptation. Cela s'est produit.

« Tu m'appartiens ! »

Il y a des années, mes frères et moi allions à la poste avec notre père le samedi matin. Il y avait une affiche d'Oncle Sam accroché au-dessus de la porte. Il comportait un écriteau qui disait : « Oncle Sam vous veut !». Et sur l'image, Oncle Sam pointait son doigt vers nous.

Peu importe où vous étiez dans la pièce, le doigt d'Oncle Sam semblait toujours vous viser. Vous ne pouviez tout simplement pas y échapper. Nous collions notre dos contre le mur juste en dessous de l'affiche, puis nous nous penchions un peu en avant juste pour voir l'affiche. Peu importe, le doigt d'Oncle Sam continuait à nous pointer. C'était inévitable.

C'est ce que fait maintenant le Père. Il pointe Son doigt vers vous et moi. Il déclare : « Je vous ai nommés depuis la fondation du monde. » « Vous êtes choisis, vous êtes l'homme, vous êtes la femme, vous êtes l'enfant. » « Je vous ai créés pour la vie dans Ma maison. » « Je vous ai fait naître et Je vous soutiens maintenant dans le seul but que vous soyez justes pour Moi et en communion face à face avec Moi. »

« Et J'ai destiné Mon propre Fils à être l'exécuteur de Ma volonté. »

« Et Il est venu et Il vous a rendus saints et irréprochables. »

« Il vous a purifiés de tout péché, de toute culpabilité et de toute injustice. »

« Il vous a rendus justes pour et avec Moi. »

« En Lui, vous avez été façonnés sur mesure pour Moi. »

« En Lui, vous avez été élevés dans Ma présence immédiate. »

« En Lui, Je vous ai embrassés et Je vous ai fait Miens. »

Ceci est la Parole de Dieu stupéfiante et bénie

proclamée à toute la création en Jésus-Christ — « Vous êtes Miens ! »

Par-dessus tout, cette Parole nous appelle à rester tranquilles, à cesser de lutter, à appuyer sur le bouton pause et à écouter. Écouter. Écouter. Écouter. C'est le seul et unique travail que nous pouvons et devons accomplir maintenant : écouter.

« Vous êtes acceptés ! » « Vous êtes inclus ! » « Vous êtes Miens ! » Entendez la Parole divine et recevez-la. Ne soyez pas incrédules, mais croyants. Relisez-la encore et encore.

Mais comme il nous est difficile de commencer à écouter, d'écouter vraiment ! Nous sommes si habitués à la rhétorique vide et à l'hyperbole que nous ne pouvons pas écouter. C'est trop simple. C'est trop impressionnant. C'est trop stupéfiant. C'est trop accompli.

La vérité est tellement étrangère à tout ce que nous supposons naturellement. Elle est tellement étrangère à ce que nous pensons de nous-mêmes et que nous sommes si sûrs de savoir être vrai à notre sujet. Elle est tellement étrangère à tout ce que nous avons toujours entendu à l'église ! Comment pouvons-nous entendre la Parole du Père ?

Comme nous étouffons rapidement le « *Tu es à Moi* » du Père, proclamé en Jésus-Christ, avec nos propres « Oui, mais… » « Oui, mais nous sommes si indignes. » « Oui, mais il est tout à fait évident que nous ne sommes pas saints et irréprochables. » « Oui, mais dans le vrai monde… » Comme si nous en savions un peu plus que Dieu. « Que Dieu bénisse son coeur…il est si optimiste. » « Si seulement Dieu pouvait sortir de sa tour d'ivoire et vivre dans le vrai monde un moment. » Comme si nous accordions plus de poids à ce que nous ressentons ou voyons de nos yeux qu'à la déclaration divine proclamée en Jésus-Christ.

Nous recevons un rayon d'espérance et un peu de

libération et retombons rapidement dans l'esclavage des définitions, attentes et accusations des autres. Le Père nous a embrassés et nous a faits Siens en Jésus-Christ. « Tu es à Moi ! » Qui d'autre a un quelconque poids ? Pourquoi écoutons-nous la voix de ce qui n'a aucun poids ? Pourquoi accordons-nous une telle place à leurs idées, conceptions et opinions dans nos vies ? Dieu le Père Tout-Puissant a parlé et parle encore. Écoutez-Le.

Comme l'esprit religieux surgit rapidement et partout et parle sa propre parole en nous — « Oui, mais *vous devez faire…* » — et tout ce que Dieu le Père Tout-Puissant nous proclame est instantanément mis de côté. Comme si nous avions peur que cette Parole glorieuse de Dieu soit impuissante ; que vraiment entendre cette Parole et y baigner nos âmes ne produira rien en nous, ou pire, qu'elle laissera libre cours à l'anarchie et au péché débordant.

Mais cette Parole est la puissance de Dieu pour notre libération et notre vie (Rom 1:16). Si seulement nous pouvions l'entendre. C'est la vérité qui nous rend libres (Jn 8:32). Si seulement nous pouvions connaître la vérité.

Le « Tu es à Moi » du Père, proclamé et proclamant maintenant en Jésus-Christ dans la puissance de l'Esprit, se traduit en nourriture et boisson, eau vive, espoir et joie, sécurité et assurance, excitation et passion pour la communion avec notre Père. C'est une Parole créatrice, chargée du pouvoir d'inspirer et de remplir, d'animer et de libérer. « Tu es à Moi ! » C'est la seule Parole dans l'univers qui porte le pouvoir d'anéantir l'angoisse de nos âmes et de produire en nous la glorieuse libération de l'adoption. « Oui, mais… »

Le problème réside ici même — non pas dans la Parole ni dans sa capacité à tuer les dragons qui nous hantent et nous étouffent et qui font de nous de simples androïdes religieux. Le problème pour vous et moi est que nous ne sommes pas encore tout à fait prêts à entendre la Parole.

Nous pensons encore bien trop à nous-mêmes et à ce que nous pouvons faire et faisons déjà. Nous croyons encore en nous-mêmes. Nous croyons encore qu'une manière ou une autre, nous pouvons effectivement nous libérer, ou du moins que nous pouvons le faire aussi bien que de simplement croire à la déclaration de l'étreinte généreuse du Père.

Cette foi cachée en nous-mêmes et cette opinion que nous avons de nous-mêmes sont la source secrète du suffocant « Oui, mais je… ». Tout ce que ce « Oui, mais je… » signifie, c'est que nous n'avons pas encore vu que nous sommes totalement incapables de nous rendre acceptables. Tout ce que cela signifie, c'est que nous n'avons pas encore été écrasés et brûlés sous la pression de devoir travailler pour entrer dans le cercle béni de l'acceptation de Dieu. Tout ce que cela signifie, c'est que nous ne sommes pas encore venus à voir le désordre que nous provoquons nous-mêmes. Nous n'avons pas encore fait face au fait que ce que nous créons dans notre travail pour Dieu, dans nos efforts pour vivre la vie chrétienne, n'est en réalité pas la vie dans l'étreinte du Père du tout, mais seulement un néant religieux — la simple *forme extérieure,* culturellement définie et acceptable, de la plénitude et de la vie, du service et de l'amour.

Nous n'avons pas encore vu à travers notre gloire supposée et atteint le lieu où nous savons que, quoi qu'il en soit, elle est vide de la glorieuse libération de l'adoption.

Car lorsque nous venons à savoir que nous ne pouvons tout simplement pas travailler pour entrer dans le cercle béni — lorsque nous avons enfin été baptisés dans la connaissance inéluctable que nous ne possédons pas cette vie, que nous ne la vivons pas réellement et que nous sommes en vérité impuissants à le faire, et que le désespoir s'installe dans notre âme — alors nous sommes prêts à entendre la Parole de Dieu. Alors la simple nouvelle du dessein éternel du Père, accompli et réalisé en Jésus-Christ, cesse d'être une simple nouvelle religieuse et devient une bonne nouvelle — Parole inspirante, génératrice d'espérance, productrice de joie, libératrice et vivifiante pour nous.

Elle cesse d'être quelque chose que nous entendons et qualifions aussitôt par un « Oui, mais je… » et devient la chose la plus bénie que nous ayons jamais entendue de toute notre vie — quelque chose qui fait aussitôt jaillir l'espérance, l'assurance, et un retentissant *alléluia* au plus profond de nos âmes désespérées. Et dans cet *alléluia* soulagé, il y a plus de vie, plus de réalité chrétienne authentique et d'humanité véritable, plus de lumière évangélique, dans cette étincelle d'espérance et d'assurance, que dans trente années de pratiques religieuses.

Il y a plus de puissance pour arrêter le mal, plus de pouvoir pour transformer la culture, plus de force pour engendrer de vraies valeurs, dans une seule personne qui connaît la vérité, qui sait ce que Dieu le Père a fait d'elle en Jésus-Christ, et qui, par conséquent, a l'assurance qui coule dans ses veines, que dans un millier de nos royaumes fabriqués par des comités d'église.

Nous vivons à l'heure de l'abstraction. Cela fait si longtemps que nous n'avons pas entendu le simple et pur Évangile tonner depuis nos chaires que nos théologiens se sont résignés à jouer à des jeux académiques sans vie, et que nos Églises se sont tournées vers le pragmatisme pour fabriquer le royaume. C'est comme si nous n'avions jamais vu la Parole de Dieu le Père tout-puissant — proclamée en Jésus-Christ dans la puissance de l'Esprit — faire son œuvre.

Toute discussion affirmant que cette Parole engendre la liberté et la vie nous semble du pur idéalisme, une illusion de rêveur.

Seuls ceux qui ne savent pas encore qu'ils meurent de faim s'éloignent d'un festin. Les affamés, eux, se réjouissent à la perspective de nourriture et de boisson. Les affamés mangent, boivent, sont rassasiés — et, tout naturellement, se réjouissent et partagent.

Bientôt, nous sentirons notre propre famine et nous deviendrons désespérés. Bientôt, nous arriverons au bout de nous-mêmes, et alors nous serons prêts à entendre la Parole bénie et bouleversante de Dieu, proclamée et proclamant encore, maintenant, en Jésus-Christ, dans la puissance de l'Esprit.

Dieu le Père tout-puissant vous a embrassés et vous a faits siens en Jésus-Christ. « Tu es à moi ! »

Écoutez ! Écoutez ! Écoutez ! Cette Parole est la puissance de Dieu pour notre libération et notre vie (Romains 1 :16).

Amen. Viens, Saint-Esprit, donne-nous des yeux pour voir et des oreilles pour entendre. Convertis nos pensées et délivre-nous de l'idolâtrie, afin que nous puissions entendre la Parole et connaître la vie de la vérité, telle que Dieu notre Père l'a planifiée et accomplie en Jésus-Christ notre Seigneur.

Chapitre 2 – La Nécessité de l'Expiation

Éphésiens 1:3-8

Il y a environ 150 ans, en Écosse, un jeune ministre de l'Église d'Écosse nommé John McLeod Campbell commença à se confronter à la question de l'expiation, à la mort de Jésus. Il n'était bien sûr pas seul dans cette quête. Tout ministre digne de ce nom a lutté et lutte avec la compréhension des pourquoi et des comment de la mort du Christ. Mais Campbell faisait partie de ces hommes de l'Esprit dans l'histoire de l'Église qui, non seulement s'efforçaient de comprendre, mais dont la lutte produisait des révélations profondément libératrices pour l'Église.

Son livre classique The Nature of the Atonement (Londres : MacMillan & Co., 1856), bien que quelque peu difficile à lire, demeure néanmoins une véritable mine d'or spirituelle. Il y a certes des passages où Campbell montre des faiblesses, mais l'ouvrage reste l'un des plus stimulants sur ce sujet que l'on puisse trouver.

Campbell n'était ni un théologien académique ni un ministre professionnel. Il était un pasteur de l'âme. Il n'avait aucun intérêt pour la théologie abstraite ni pour contenter les gens. Sa passion profonde était de comprendre comment vivre pleinement et de guider son peuple vers la vie abondante qui nous est promise dans la Bible.

Campbell était profondément troublé par la léthargie qu'il rencontrait dans l'esprit de son peuple. Il voyait peu de signes de ce que Pierre appelle « la joie ineffable et pleine de gloire » (1 Pierre 1:8), ou de ce que Paul appelle « parrhesia » (assurance, confiance, liberté, audace).

Ce n'était pas que son troupeau fût composé de gens irrémédiablement mauvais. Ils étaient en fait de bonnes personnes et des fidèles participants à l'Église. Mais ils manquaient de rayonnement. Il trouvait peu de traces de cette grâce chrétienne la plus simple, et pourtant la plus guérissante et vivifiante : la paix véritable.

Comme l'un de ses paroissiens le lui dit dès le premier jour de son ministère : « Donnez-nous une doctrine simple, M. Campbell, car nous sommes un peuple endormi. » Ils n'étaient pas des âmes particulièrement inspirées, et si la fidélité aux devoirs religieux pouvait être constatée, l'enthousiasme pour Dieu brillait par son absence. Campbell voyait avec acuité que, malgré toutes les apparences, leur christianisme ne produisait pas cette véritable liberté devant Dieu. Au lieu d'éveiller un désir ardent de connaître le Père, de pousser chacun à s'approcher de Lui, et de libérer réellement les cœurs pour jouir de Sa présence et vivre dans Sa joie, la pratique religieuse engendrait confusion et répression spirituelle. Là où devrait régner l'assurance — fondement d'une relation intime avec le Père — s'installait une hésitation profonde, un repli sur soi, une dissimulation religieuse. Quelque chose étouffait, freinait, asphyxiait l'esprit.

C'était comme si une couverture humide, lourde et glaciale, avait été jetée sur l'âme même de l'Église.

Et c'est là que la lutte de Campbell prend toute sa résonance pour nous aujourd'hui. Car, bien que l'Église signifie tant de choses pour tant de personnes, qui parmi nous oserait dire qu'elle incarne vraiment cette « joie ineffable, pleine de gloire » ? L'image que Jésus peint d'une rivière d'eau vive et rafraîchissante (Jean 7:38) reflète-t-elle réellement l'Église de notre temps ?

Confiance, liberté, assurance, paix, espérance, vivre dans le plaisir du Père... sommes-nous contraints d'employer ces mots pour décrire notre existence chrétienne ? Ces réalités rayonnent-elles vraiment de l'âme de l'Église contemporaine ? Il est prudent de suivre le fil de la réflexion de Campbell, car il était confronté à la même vacuité religieuse et à la même impuissance spirituelle que nous. Et il a trouvé des réponses.

Si son livre traite avant tout de la nature de la mort du Christ, sa richesse réside dans la manière dont Campbell relie cette mort au problème de l'esprit. Comme tout vrai pasteur, à son époque comme à la nôtre, il portait le fardeau de l'emprise de l'esprit du temps sur l'âme de son peuple, et il s'efforçait d'y répondre. L'ouvrage palpite de sa lutte intérieure. Il cherche à atteindre le cancer spirituel. Il cherche à comprendre cette couverture humide qui étouffe l'âme. Il tente de percevoir ce qui a étouffé l'assurance et, avec elle, la véritable vie.

Au fil de sa lutte, on le voit d'abord attribuer le problème à la manière dont les gens concevaient Dieu. Leur cœur n'était pas certain de l'attitude de Dieu à leur égard. Ils percevaient en Dieu de l'ambiguïté et de l'hésitation. Et par conséquent, au lieu d'un flot d'assurance, d'espérance, de joie et de liberté – autant de forces capables d'éveiller un véritable désir de connaître Dieu –, leurs âmes restaient étouffées, hésitantes, léthargiques et craintives

La Couverture Humide

Déterminé à voir son peuple libéré, Campbell entreprit d'examiner ce problème avec plus de soin, cherchant sa cause profonde pour l'extirper. Il découvrit que la cause fondamentale résidait dans le fait que le message de l'amour stupéfiant de Dieu en Christ ne parvenait pas à l'âme. La Parole de la grande passion du Père pour nous était obscurcie. Et ce n'était pas parce que l'amour de Dieu n'avait pas été proclamé.

Le peuple connaissait parfaitement l'amour du Père. Pourtant, il restait endormi, sans inspiration, craintif, timide. Quelque chose de plus profond étouffait le message de l'amour merveilleux de Dieu en Christ. Il existait une autre parole qui pesait davantage sur leur âme que celle de la passion du Père pour eux en Jésus, celle qui avait enflammé l'apôtre Paul. Il y avait un autre message qui résonnait, court-circuitant la lumière libératrice.

Une partie de ce court-circuit de la lumière provenait sans doute de la manière dont la libéralisation contemporaine des idées de Père et d'amour vidait ces mots de leur puissant sens biblique, au point qu'ils devenaient de plus en plus de simples mots creux. Une notion générale de la paternité universelle de Dieu, vaguement ancrée dans l'acte créateur de Dieu plutôt que dans l'acte de Dieu en Jésus-Christ, n'a ni le pouvoir de troubler une puce, et encore moins de réveiller les morts. Un danger sérieux se cache ici.

Mais Campbell constata que le problème fondamental de l'esprit se situait dans l'autre direction, à savoir dans la conception plus conservatrice de l'expiation. Le véritable coupable résidait dans la façon dont le peuple comprenait la nécessité de la mort de Jésus. C'est là que se trouvait la source de l'insécurité spirituelle de son peuple et de son manque de désir ardent et énergique.

Il remarqua que son peuple comprenait la mort de Jésus comme étant dirigée vers Dieu. Jésus serait venu pour satisfaire la justice de Dieu en subissant le châtiment que méritait la culpabilité humaine. Car, pensaient-ils, tant que cette justice n'était pas satisfaite et que le châtiment approprié n'avait pas été subi, Dieu ne pouvait simplement pardonner les pécheurs coupables et les accueillir. Ainsi, selon eux, la véritable raison de la venue et de la mort de Jésus était de traiter avec Dieu en leur nom.

Il devint clair pour Campbell que, peu importe la quantité de prédications sur le cœur du Père ou sur le fait que c'était le Père qui avait envoyé le Fils, un autre message, implicite, se faisait entendre dans l'âme : il existe un aspect de Dieu qui n'est pas pour nous, qui doit être conditionné pour devenir gracieux. Il existe un aspect de Dieu avec lequel il faut traiter avant qu'Il ne puisse nous bénir. Il existe un aspect de Dieu qu'il faut satisfaire avant qu'Il ne puisse nous pardonner, nous embrasser, nous accepter.

Pour le dire en une seule phrase : « Il existe un côté de Dieu qui ne m'aime pas. »

C'est l'idée de ce côté de Dieu qui agit comme la couverture humide. La conscience de ce côté de Dieu produit des chrétiens hésitants, sans inspiration et centrés sur eux-mêmes. C'est ce message qui engendre la religion et des pratiques religieuses vides et déshumanisantes. Il éteint tout désir de connaître le Père et étouffe toute liberté de s'approcher de Lui, car il crée ambiguïté et peur dans l'âme.

C'est ce côté de Dieu qui captait toute l'attention des âmes du peuple de Campbell. Chaque fois que l'évangile était prêché, elles entendaient ce message étouffant.

Déplaçant les Barrières

Nous voyons donc Campbell lutter avec l'évangile lui-même, et plus particulièrement avec la manière dont l'évangile, qu'il avait hérité, était présenté et mis en avant. C'est ici que réside sa grande contribution. Il a changé les règles du jeu. Il a sorti la discussion sur la mort de Jésus-Christ du cadre de la loi, de la culpabilité et de la punition, d'une part, et du cadre des notions libérales de la paternité et de l'amour de Dieu, d'autre part, pour la replacer dans le contexte du dessein éternel du Père pour nous et de la menace que représente sa dissolution.

Il a mis les choses essentielles au premier plan. Avec Paul dans Romains 5, Campbell a vu que, même lorsque nous étions encore pécheurs et opposés à Dieu, le Père était néanmoins pour nous. Et avec Paul dans Éphésiens 1, Campbell a compris que, derrière tout, se trouvait le dessein éternel du Père pour notre adoption. Campbell plaça cet objectif éternel de l'adoption au bout du terrain et soutint que tout ce que nous disons au sujet de Jésus-Christ doit être compris à la lumière de ce but. Le secret de la mort de Jésus réside ici, dans le dessein de l'adoption.

La nécessité de la mort de Jésus-Christ ne réside pas dans la satisfaction de ce côté de Dieu qui ne nous aime pas. Elle ne réside pas non plus dans le fait d'être simplement la révélation suprême d'un amour générique de Dieu pour nous. Elle réside dans le dessein éternel du Père pour nous et dans Sa fidélité inflexible à ce dessein, malgré notre aliénation.

Ici, Campbell renverse la notion d'expiation et considère la mort du Christ non pas comme l'acte du Fils visant ce côté de Dieu, mais comme l'acte du Père, le grand éclair du Père lancé du ciel pour détruire tout ce qui s'oppose à Son unique dessein éternel et à Sa passion pour vous et moi.

« Je veux qu'ils soient avec Moi. » « Toi, Mon Fils bien-aimé, détruis tout ce qui empêche que cela soit ! »

Voici un Dieu qui connaît parfaitement notre péché, notre rébellion et nos échecs, et qui maintient Sa détermination que nous soyons avec Lui en tant que Ses bien-aimés. Le Père ne vacille jamais un instant sur Son dessein pour notre adoption. Depuis toute éternité, Jésus-Christ a été choisi pour éradiquer notre péché, nous purifier et nous ramener à la maison.

Face au rejet libéral de la souffrance pénale du Christ aux mains du Père, et face à la surestimation conservatrice du Christ souffrant la punition du Père, Campbell perçoit la mort de Jésus-Christ comme l'acte cohérent de la passion éternelle du Père pour nous.

Fais-le, Numéro Un

Il y a une réplique célèbre, souvent répétée dans la série télévisée Star Trek: The Next Generation. Dans chaque épisode, il y a généralement une crise galactique, et le capitaine Jean-Luc Picard du vaisseau spatial Enterprise réunit ses officiers supérieurs pour analyser la situation et élaborer une stratégie. Après avoir exposé son plan, le capitaine Picard se tourne vers son officier numéro un, le commandant William Riker, et dit : « Fais-le, Numéro Un. »

C'est une phrase remarquable. Elle fait faiblement écho à la Parole éternelle, qui précède tous les mondes, le temps et l'espace, prononcée par le Père en conversation avec Son Fils véritable et fidèle dans l'Esprit : « Je veux qu'ils soient un avec Moi — fais-le, Numéro Un ! »

C'est là que réside la nécessité de l'incarnation et de la mort du Fils de Dieu. Elle se trouve précisément dans le cœur du Père. Elle réside dans Sa détermination inébranlable à ce que nous soyons bénis et inclus dans la vie trinitaire. Elle réside dans Sa fidélité sans faille à Son dessein.

Il y avait certes un obstacle majeur sur le chemin des plans du Père. Mais cet obstacle n'était pas le Père. Le problème n'était pas qu'il y ait un côté de Dieu à apprivoiser avant qu'Il puisse nous pardonner, nous embrasser et nous accepter.

Le problème, c'était toi, et Il te voulait là, avec Lui. Tu étais dans le pays lointain, et Il voulait que tu reviennes à la maison. Tu étais brisé, étranger et perdu, et Il avait résolu que tu sois guéri, réconcilié et rendu juste devant Lui. Tu étais prisonnier de la rébellion, de la corruption et de la mort, et Il voulait que tu sois à Ses côtés, inclus dans le cercle de Son étreinte et de Sa communion, parfaitement préparé pour participer à Sa vie.

Le problème, c'était que le Père, dans tous Ses aspects, est implacablement engagé envers nous. Il est déterminé à ce que nous soyons avec Lui. Et c'est pourquoi Il crie un NON tout-puissant et intolérant : « Je ne tolérerai pas cette existence pour toi. » « Je ne tolérerai pas que tu vives une vie superficielle, tombée et brisée. » « Je ne tolérerai pas ton néant, ta mort et ton éloignement. » « Tu es à Moi, tu M'appartiens, dans Ma maison, vivant dans Mon plaisir. »

« Alors, fais-le, Numéro Un ! »

« Va dans le pays lointain, plonge-toi dans leur ruine, leur éloignement, leur brisure, leur obscurité et leur étrangeté, plonge-toi dans l'écheveau de leur culpabilité et de leur corruption, et défais-le, démêle-le, détruis-le et ramène-les à Moi. »

« Crucifie cette fausse et brisée humanité, si asservie au mal. »

« Révolutionne tout leur être et toute leur situation — convertis-la, transforme-la entièrement. »

« Je ne me contenterai de rien de moins. »

Voilà la nécessité de la mort de Jésus-Christ. Le Père a pris Sa décision à notre sujet depuis toute éternité. Et Il ne changera pas. Son amour ne connaît aucun compromis. Ainsi, en totale opposition à notre aliénation, Il envoie Son Fils pour l'éliminer.

Une note sur Athanase

Environ 1500 ans avant Campbell, Athanase rédigea son court traité De l'Incarnation du Verbe (voir Saint Athanase sur l'Incarnation, Londres : A. R. Mowbray & Co., 1953). Lui aussi répondait à la question de la nécessité de l'incarnation et de la mort du Christ. Comme Campbell, Athanase abordait la question dans le cadre du dessein du Père.

À cause de la tromperie du malin et de la désobéissance d'Adam, « la race humaine », écrit Athanase, « était en voie de destruction », « sur la route de la ruine » (§6), et « s'éteignait peu à peu » (§8). « L'homme… disparaissait, et l'œuvre de Dieu était anéantie » (§6).

Dans un tel état de choses, pour Athanase, la question se posait ainsi : « Que devait faire Dieu, étant Bon ? »

Il serait indigne de la bonté de Dieu que la

> créature qu'Il avait faite fût réduite à néant par la tromperie de l'homme par le diable ; et il serait suprêmement inconvenant que l'œuvre de Dieu dans l'humanité disparût, que ce fût par leur propre négligence ou par la tromperie des esprits mauvais. Or, puisque les créatures qu'Il avait faites raisonnables, à l'image du Verbe, étaient en fait en train de périr, et que de si nobles œuvres allaient à la ruine, que devait donc faire Dieu, étant Bon ? Devait-Il laisser la corruption et la mort s'emparer d'eux ? (§6)

Pour Athanase, la clé réside dans la bonté de Dieu, ce qui est avant tout une affirmation sur le cœur du Père. Si Dieu était neutre à notre égard, s'Il nous avait créés à contrecœur, contraint d'une manière ou d'une autre, alors la situation aurait été tout autre. Mais Athanase sait que le cœur du Père était pleinement impliqué dans Son œuvre créatrice. Ses plans généreux et somptueux pour nous ne découlaient pas d'une tiédeur, mais d'une bonté résolue et déterminée.

Voici donc le problème : que devait faire le Père lorsque Son dessein était menacé de dissolution ? Que devait-Il faire lorsque Sa création s'éteignait peu à peu, perdant son existence ?

Devait-Il se détourner et abandonner la scène ? Devait-Il rester indifférent ? Était-ce possible ? Pour Athanase, la seule réponse est un retentissant « Bien sûr que non ! »

« Il était donc impossible que Dieu laissât l'homme être emporté par la corruption, car cela aurait été indigne et inapproprié à Sa nature » (§6).

Nous retrouvons ici, chez Athanase, la même logique que chez Campbell. Avant tout, le Père est zélé pour Son dessein à notre égard. Ainsi, la tromperie du mal, la chute de l'humanité dans la ruine et la mise en péril de notre existence ne rencontrèrent pas une indifférence divine ;

elles furent affrontées par une opposition divine rapide et vigoureuse. Comment aurait-il pu en être autrement ? Le Père nous aime. C'est pourquoi, comme acte de Son engagement éternel envers nous et envers Son dessein pour nous, le Père envoie le Fils au combat pour nous, pour faire la guerre à tout ce qui s'oppose à Son glorieux dessein.

L'Expression du Cœur du Père

L'Évangile n'est pas la nouvelle que, dans Sa mort, Jésus s'est occupé du côté obscur de Dieu pour nous. Ce n'est pas non plus la nouvelle que, dans Sa mort, Jésus a révélé un amour générique de Dieu pour nous. L'Évangile proclame que Dieu n'a pas de côté obscur et que Son amour n'est jamais générique. Il nous annonce que, tandis que nous étions irrémédiablement plongés dans une obscurité terrible, le Père, dans Son engagement total envers nous, a envoyé Son Fils pour s'opposer à cette obscurité et la détruire à tout prix.

L'Évangile nous déclare qu'à la demande du Père, Jésus s'est plongé dans notre aliénation et notre ruine. Comme accomplissement du dessein éternel du Père pour nous, Jésus s'est immergé dans notre séparation, l'a portée sur Lui jusqu'à la croix, et l'a anéantie. Là, comme acte du Père, Il a détruit notre aliénation, notre corruption et notre humanité déformée. Là, comme incarnation vivante du pardon du Père, Il a crucifié Adam et éteint l'hostilité. Là, comme expression vivante du Père, Jésus a révolutionné tout notre être et notre situation.

À la demande du Père, Jésus-Christ a renversé la chute d'Adam, redressé toute notre existence et l'a rendue juste aux yeux du Père. Voilà ce qui s'est accompli sur la croix. Ce n'était pas la maladie du Père, mais la nôtre ; ce n'était pas le côté sombre du Père, mais le nôtre ; c'était notre aliénation, notre corruption, notre culpabilité et notre erreur qui rendaient la croix nécessaire. Le Père avait décidé que nous serions avec Lui, et nous étions devenus des étrangers.

Il est juste de dire que la nécessité de l'expiation découle de la justice de Dieu. Mais ce n'était pas une justice abstraite ou légale qui exigerait une punition suffisante avant le pardon. C'était la justice du Père, qui jaillit de Son être même et de Son dessein éternel pour nous. Tant que ce dessein éternel du Père n'était pas accompli, il n'y avait pas de justice véritable. Tant que la raison de la création du monde et le plan du Père n'étaient pas réalisés et pleinement manifestés, il n'y avait aucun signe de satisfaction divine.

C'est la fidélité implacable du Père à Son choix éternel pour nous qui rendait nécessaire la crucifixion de Son Fils bien-aimé. Car c'était la seule manière de pénétrer jusqu'au cœur la chute d'Adam et notre ruine complète en lui, et de la défaire. C'était la seule manière de mettre à mort notre humanité fausse et aliénée, et de la reformer, en vérité de la recréer, pour Lui. La mort du Fils incarné était le seul moyen de circoncire souverainement l'ancien homme et sa confusion avec le mal, et de nous rendre un à Dieu.

Jésus-Christ est l'expression et l'accomplissement de l'amour éternel du Père pour nous. En Lui, nous faisons face à ce que Dieu le Père pense réellement de nous. En effet, dans Sa venue et Sa mort, nous est révélée la profondeur du cœur du Père. L'ensemble de l'acte de la venue et de la mort de Jésus-Christ est la Parole de Dieu qui nous est adressée, proclamant Sa passion claire et inébranlable pour nous. Cette Parole nous appelle à la foi et à l'assurance, à sortir de notre cachette, à Le connaître et à vivre dans Son plaisir.

Puisse le Seigneur faire que cette Parole résonne dans les profondeurs de notre être, qu'elle éclipse toutes les paroles illusoires et se traduise dans la gloire vivante et liberatrice de l'adoption.

Chapitre 3 – Jésus-Christ, la Réponse de Dieu et la nôtre

Jean 2:13-22

L'apôtre Paul nous a pris par la main et nous a conduits jusqu'à l'endroit où l'on peut discerner la fissure au cœur de la création, et, à travers elle, jeter un regard dans l'éternité. Avec Paul, nous avons contemplé le cœur du Père et Son dessein pour nous avant même que la première particule de l'univers ne soit appelée à l'existence. Nous avons vu Sa passion pour nous, Son plan éternel : que nous soyons avec Lui en tant que Ses bien-aimés.

Mais la bonne nouvelle ne s'arrête pas là. Non. Paul nous conduit plus loin encore. Il nous montre que jamais – pas même un instant – le grand dessein du Père pour nous n'a été confié à nos propres mains pour que nous l'accomplissions. Il n'a jamais été question que nous soyons responsables de notre propre destinée.

Depuis toute éternité, un médiateur nous a été donné. Depuis toute éternité, le Père a mandaté Son propre Fils, et L'a établi médiateur, messie, sauveur. Depuis toute éternité, le Père a placé entre les mains de Son Fils Jésus-Christ, notre Seigneur, la responsabilité de nous rendre saints et irréprochables, et de nous présenter devant Lui.

Mais encore une fois, l'Évangile ne s'arrête pas là. Ce qui rend cette nouvelle si prodigieusement bonne, si glorieuse, c'est qu'elle est désormais accomplie. Le Fils de Dieu est venu ! L'instant des instants, l'événement vers lequel la création entière et toute l'histoire convergeaient, est arrivé. Le Fils du Père – notre médiateur, notre messie, notre sauveur, notre grand prêtre – est entré dans l'histoire humaine, et tout a été radicalement, définitivement accompli.

C'est cela, la bonne nouvelle. Voilà ce que l'apôtre Paul a vu. Voilà ce qui l'a inspiré, ce qui l'a saisi et transporté. Il a vu Jésus-Christ auprès du Père, dans l'éternité. Il a entendu le Père Le désigner comme le Directeur suprême de toute l'entreprise divine. Et maintenant, il a vu le Fils de Dieu sortir de l'éternité pour entrer dans le temps, revêtir notre chair, et mener à terme le dessein de Son Père.

Tous les auteurs du Nouveau Testament savent que cet événement est cataclysmique. Ils en ressentent les ondes de choc qui se propagent à travers l'univers tout entier, depuis le cœur même de la création jusqu'à la plus infime de ses créatures. Ils savent que la venue de Jésus-Christ est le moment décisif de l'histoire, de la création, de votre existence et de la mienne.

Ils savent qu'en Jésus-Christ, tout trouve son accomplissement. Et, bouleversés par cette révélation, les écrivains du Nouveau Testament se voient contraints d'en sonder les implications vertigineuses — les conséquences cosmiques, spirituelles et humaines de la venue du Christ. Voilà le secret pour nous tous. Voilà la clé de la vie chrétienne : savoir ce que le Père a accompli — pour nous, avec nous, avec la création tout entière, avec le monde — en Jésus-Christ, par la puissance de l'Esprit. Car c'est cette vérité-là, et elle seule, qui a le pouvoir de nous libérer, de nous affranchir, et de nous remplir de vie.

Il n'existe rien sur cette terre qui ait la puissance de nous délivrer et de nous transformer comme la Parole de Dieu — la Parole vivante, dite et toujours parlante en Jésus-Christ. Et voici encore aujourd'hui l'appel du Seigneur qui résonne : « Écoutez la Parole, connaissez la vérité, rencontrez Jésus-Christ et découvrez dans Sa personne la passion du Père. »

Le chemin de la vie, c'est cela : découvrir ce que signifie réellement le fait que le Fils de Dieu est entré dans l'histoire humaine, qu'Il est venu ici-bas, qu'Il est entré personnellement dans notre monde, dans notre condition.

Le chemin de la réforme, lui aussi, passe par les apôtres : revenir à eux, se tenir à leurs côtés, voir ce qu'ils ont vu, rencontrer ce qu'ils ont rencontré, entendre ce qu'ils ont entendu, toucher ce qu'ils ont touché.

C'est cela que le Père désire pour cette génération et pour toutes les générations : une connaissance renouvelée du sens profond de Jésus-Christ. Tout se résume à cela. Toute la vie chrétienne tient en ce simple geste : s'arrêter, demeurer en silence, et regarder le Fils du Père, contempler ce qu'Il a accompli pour nous dans la puissance de l'Esprit. Car ce qu'Il a fait de nous est étonnant, glorieux, vivant. Cette nouvelle est si vraie, si bonne, qu'elle commence à travailler au plus profond de nous-mêmes, à pénétrer notre être intérieur et à nous remplir.

Dieu le Père ne s'intéresse pas à notre religion. Il ne s'intéresse pas à ce que nous voulons faire pour Lui, ni même pour Sa gloire. Ce qui L'intéresse, c'est que ce qu'Il a accompli en Christ pénètre nos âmes, s'enracine dans notre être, et commence à dévorer tout le reste de l'intérieur. Il veut voir ce qu'Il a déjà fait de nous en Christ nous remplir peu à peu, de l'intérieur vers l'extérieur.

Voilà le chemin de la réforme, du renouveau et de la vie. Voilà comment fonctionne la réalité chrétienne.

La Bonne Nouvelle de Jésus-Christ commence à vivre, à respirer, à prendre forme dans nos âmes assoiffées — et, de là, elle se fraie un chemin jusque dans nos existences. C'est une réalité de l'intérieur vers l'extérieur, et tout repose sur ceci : que la nouvelle de l'acte décisif de Dieu en Jésus-Christ soit enfin libérée dans les profondeurs de notre être.

Les auteurs du Nouveau Testament le savent bien. Ils savent que la clé réside dans la nouvelle, dans la vérité, dans la Parole vivante qui doit parvenir jusqu'à nos esprits et pénétrer nos cœurs. Tout le Nouveau Testament, dans son ensemble, n'est qu'un long combat pour entrer en communication avec nous — pour nous donner des yeux pour voir et des oreilles pour entendre ce que Dieu a accompli avec nous en Jésus-Christ.

C'est précisément de cela que Jean parle. Il commence par proclamer que Jésus-Christ est le Fils éternel de Dieu, qu'Il était auprès de Dieu, qu'Il est Dieu, et qu'Il est maintenant entré dans l'histoire humaine (Jean 1.1–3, 14). Puis Jean déroule devant nous une série d'images saisissantes, destinées à nous faire voir ce que cela signifie réellement.

La scène où Jésus purifie le Temple en est une. C'est une parabole vivante, rapportée avec un soin extrême par Jean, dont le seul but est de nous montrer ce que cela veut dire que le Fils de Dieu soit devenu homme.

C'est une image dramatique de la grande transformation opérée en Jésus-Christ sur l'ordre du Père.

C'est la Bonne Nouvelle en action, la Bonne Nouvelle mise en scène.

Se Repérer

La première chose à faire, lorsque nous lisons le récit de Jésus purifiant le Temple, c'est de ne pas manquer le caractère absolument dramatique de cette scène. Il faut la voir pour ce qu'elle est vraiment.

Remarquons d'abord le contraste avec la première partie du chapitre. Après avoir proclamé le thème de l'incarnation, Jean nous raconte comment Jésus transforme l'eau en vin. Voilà la première image, le premier signe, pour reprendre le mot de Jean, du sens profond de Jésus-Christ. Ce signe illustre la transformation et la plénitude que la vie et la mort de Jésus ont fait advenir dans la création.

Mais ce premier signe se déroule dans une relative obscurité. Il est intime, presque caché ; très peu de gens en ont connaissance.

En revanche, ce qui se passe dans la deuxième partie du chapitre est radicalement public. C'est immense, spectaculaire. Jean nous dit que la purification du Temple eut lieu pendant la fête de la Pâque. Or, la Pâque était l'un des trois grands pèlerinages annuels du peuple juif — un événement majeur dans la vie nationale d'Israël. Tout, absolument tout, gravitait alors autour du Temple.

Imaginez un seul culte de Pâques pour toute l'Église d'un État entier. Tous les croyants se sont rassemblés en un même lieu. C'est une véritable ruche humaine. Le lieu bourdonne de vie, de retrouvailles, de repas partagés, de rires, de conversations sans fin.

La foule est si immense qu'on a dû abattre le mur avant de la plus grande église de la ville pour que tous puissent voir ce qui se passe. Au milieu de toutes ces célébrations et de ce brouhaha joyeux, les regards restent tournés vers le sanctuaire, vers la chaire, vers la table du Seigneur, vers tout ce qui s'y déroule.

Et voilà qu'au moment même où le grand culte s'apprête à commencer, un homme entre. Il est jeune — et soudain, une onde parcourt la foule : c'est Jésus. Il s'avance droit vers l'avant, monte sur l'estrade et saisit le micro. Nous pensons tous qu'Il va prêcher.

Mais au lieu d'enseigner, Jésus arrache le micro du pupitre, débranche le câble, et commence à le faire tournoyer comme un fouet, chassant les gens hors du sanctuaire ! Il renverse la table de communion, fait tomber la chaire, et crie d'une voix puissante :

« Assez ! Cessez de faire de la maison de Mon Père une maison de rituels morts, dépourvue de zèle et de vie ! »

« Où est la passion véritable pour Mon Père ? »

Pensez à ce qui se passe dans Jean 2. C'est une scène absolument incroyable ! C'est du tonnerre et des éclairs ! Cet Homme entre… et purifie le Temple !

Errol Flynn, Indiana Jones, aucun héros de cinéma ne peut lui arriver à la cheville. Ici, il ne s'agit pas d'effets spéciaux. C'est réel. C'est de la chair et du sang. C'est du courage à l'état brut, une audace sans détour. Ce n'est pas un Jésus doux et fragile, au regard éthéré et au geste timide. Non ! Ici, c'est le zèle ardent, la passion en feu. C'est un acte d'une étonnante intensité.

Jésus est en attaque. C'est une offensive directe. Il pénètre au cœur même de la religion humaine, au centre de notre culte — comme s'Il entrait dans une église un dimanche de Pâques — et Il frappe fort ! Il entre au centre de la vie d'Israël et Il fait le grand ménage !

Ne pouvez-vous pas sentir la main de Jean trembler pendant qu'il écrit ces lignes ? Ne pouvez-vous pas le voir bondir de joie, s'exclamant : « Regardez ! Regardez ! Voilà ! »

« Ceci aussi — tout comme la transformation de l'eau en vin — est un signe, un signe qui nous révèle ce que Dieu a accompli en Jésus ! »

Le but de ce récit n'est pas simplement de nous montrer que Jésus fut audacieux et courageux, afin que nous restions ébahis devant Sa témérité. Non, le but est de nous offrir une image vivante, une scène éclatante qui nous aide à comprendre ce que la vie et la mort de Jésus signifient pour nous.

Tout l'enjeu de cette purification du Temple, chez Jean, est de nous enseigner la signification de la mort du Christ. C'est pourquoi Jean prend soin d'ajouter le bref dialogue entre Jésus et les autorités juives (versets 18 à 21).

Elles Lui demandent : d'où Lui vient l'autorité de faire cela ? Et Jésus, de façon énigmatique, répond par ces paroles : « Détruisez ce temple, et en trois jours, je le relèverai. » Les chefs religieux, bien sûr, Le prennent pour un fou : « Il a fallu quarante-six ans pour bâtir ce temple, et Toi, Tu le relèverais en trois jours ? » (v. 20)

Et Jean ajoute aussitôt : « Mais Il parlait du temple de Son corps » (v. 21).

Pourquoi Jean insère-t-il ce dialogue ? Pourquoi cette précision ? Parce qu'il veut nous empêcher de passer à côté du sens véritable. Cette scène ne parle pas simplement du nettoyage d'un édifice religieux. Elle parle de la vie, de la mort et de la résurrection de Jésus-Christ.

Jean veut être sûr que nous comprenions que cet épisode n'est pas une simple démonstration de zèle. C'est un signe — le signe d'une purification bien plus profonde : celle de l'existence humaine elle-même, accomplie dans la personne de Jésus. C'est une image saisissante de ce que Dieu fait en nous et avec nous dans la venue de Jésus-Christ.

L'invasion divine

La première chose qu'il faut voir ici, c'est que Jean nous dit qu'en Jésus-Christ, il y a eu une grande invasion divine. Le Fils de Dieu est ici, en chair humaine, au sein d'Israël, comme un Juif, comme un homme.

Désormais, Dieu n'est plus "là-bas" ni "là-haut". Le Fils de Dieu est ici.

Si nous pensons à la relation d'alliance entre Dieu et Israël, alors le fait que le Fils soit venu ici signifie avant tout que Dieu a franchi la frontière pour se tenir du côté d'Israël dans cette relation d'alliance. Ce n'est plus une situation où Dieu est d'un côté et l'humanité de l'autre.

Désormais, Dieu est des deux côtés de l'équation. Le Fils du Père a envahi notre territoire — le côté humain de la relation divine-humaine. Jésus est entré dans notre monde, Il se tient maintenant de notre côté, de votre côté, du mien. Voilà le message fondamental : Dieu a envahi notre condition humaine.

Dans l'Ancien Testament, nous entendons Dieu appeler Adam et Ève dans le jardin : « Où es-tu ? » (Genèse 3.9). Il appelle Sa créature fidèle, celle qui devrait Lui répondre avec fidélité. Mais cet appel résonne à travers toute la Bible, sans jamais recevoir de réponse. Israël ne l'a pas entendu. Vous et moi non plus. Nous avons tous échoué, révélant notre infidélité et notre impuissance à répondre. Mais voici que maintenant, le Fils de Dieu est avec nous, comme l'un de nous, au cœur même de notre côté de la relation, se tenant avec nous sous cet appel. Et Il se tient dans le Temple.

Le plan éternel prend forme sous nos yeux. Le Père a ordonné à Son propre Fils de franchir le grand abîme, de venir à nous là où nous sommes et d'envahir notre situation.

Il a envoyé Son propre Fils, en qui Son âme se délecte, s'installer dans le temple de la chair humaine. Et ce, non pas simplement comme un autre être humain, mais comme l'Homme, l'Homme vicaire.

Ici, Jean dit : regardez cela, le Fils de Dieu se tient dans le Temple. Il a envahi notre situation. Il a envahi notre place dans la relation et l'alliance. Il a pénétré notre responsabilité et l'endroit où nous sommes appelés à répondre à Dieu.

C'est ce que signifie que le Fils de Dieu est entré dans l'histoire. Il se tient à votre place devant Dieu. Votre situation, votre dilemme, ont été envahis par le Fils de Dieu Lui-même.

Il a pris en main notre existence.

Et Jean nous dit : attendez les amis, ce n'est pas tout. Regardez ce qui va se passer maintenant !

L'attaque divine

Que le Fils de Dieu soit venu ici signifie non seulement que notre côté de la relation divinehumaine a été envahi. Ce n'est là que la première partie de l'histoire, le simple décor du véritable drame. Ce que nous voyons ici, c'est que le côté humain de la relation d'alliance a été attaqué de manière décisive par Dieu. C'est ce qui est si puissamment représenté dans cet incident.

Jésus n'est pas seulement présent dans le Temple. Il n'est pas seulement ici avec nous.

Il n'est pas seulement dans les buissons avec Adam

et nous tous. Il n'est pas neutre. Il n'est pas passif. Il ne reste pas là à se tourner les pouces. Il ne participe pas à la mascarade. Non ! Il est enflammé pour Son Père. Il est rempli de passion pour la gloire et l'honneur de Son Père.

Il ne tolère ni la paresse, ni la froideur, ni l'indifférence. Il n'y a aucune place dans Son âme pour la religion. Il aime Son Père de tout son cœur, de toute son âme, de tout son esprit et de tout son être. Ainsi, dans le contexte du Temple, dans le contexte d'un rituel sans cœur, dans le contexte de l'existence humaine déchue, Il explose et fait le ménage. Il passe à l'offensive. Il attaque ce qui se passe dans le Temple.

Ceci est une fenêtre, pour ainsi dire, sur l'existence même de Jésus. Toute Sa vie est un acte d'opposition totale à l'échec et à la paresse humaine. Cette scène dans le Temple est une image vivante de la mission du Fils. Le Père n'envoie pas seulement Son Fils franchir notre côté de la relation, Il L'envoie faire le ménage. Il L'envoie attaquer l'échec humain de l'alliance. Il L'envoie prendre notre réponse brisée et l'éliminer entièrement.

La simple présence de Jésus et Son zèle offensif nous parlent d'eux-mêmes.

Ils nous disent que Dieu est tellement pour nous qu'Il ne reste pas immobile à attendre que nous venions a lui. Il n'attend pas votre fidelite. Il n'attend pas que vous repondiez a Ses commandements. Il n'attend pas que vous deveniez suffisamment bon pour y arriver.

Il n'attend pas que vous soyez saint et irréprochable et que vous travaillez pour arriver jusqu'à Lui. Il n'attend pas que vous lui offriez une obéissance véritable, sincère et pure.

Non, le Père est tellement engagé pour nous qu'Il envoie Son Fils franchir la relation d'alliance, entrer dans notre situation, notre place, notre échec. Et Il L'envoie pour attaquer, faire le ménage, remplacer et réordonner toute la situation.

Il envoie Son Fils pour détruire notre échec, notre infidélité, notre impureté, notre indifférence et notre rébellion.

Il L'envoie dans une offensive conçue pour annuler notre erreur et notre péché, tout balayer et tout transformer.

Jésus-Christ est enflammé pour la gloire et l'honneur de Son Père.

Et Il est en feu dans le temple. Il est en feu dans l'existence humaine. Il est en feu dans le lieu où vous êtes appelés à répondre à Dieu. Et ce feu consomme toute aliénation.

C'est la grâce de Dieu. C'est ce que signifie la venue du Fils de Dieu. Le Père envoie Son Fils en mission pour rechercher et détruire toutes les barrières qui nous séparent de Lui. Il Lui commande d'entrer, d'assieger la source de l'inimitié, de la supprimer et d'apporter la paix.

Le Père envoie Son Fils pour prendre en main notre brisure et notre aliénation, les porter à la croix et tout détruire. Il L'envoie pour pénétrer et éliminer totalement notre separation. Il L'envoie pour souffler sur le toit de notre échec.

C'est la mission du Fils de Dieu. « Va, Mon Fils, entre dans le domaine des ténèbres, prends leur place, plonge-toi dans leur pauvreté, leur faillite et leur échec, envahis les ténèbres, attaque-les et détruis-les toutes. » C'est ce que Jésus-Christ a fait sur la croix de Calvaire. Il a pénétré le cœur de notre péché et l'a détruit. C'est de cela qu'il s'agit dans le nettoyage du Temple. C'est une image de la grâce offensive de Dieu en Jésus-Christ.

Le Remplissage Divin

Mais cette scène dramatique dans le temple n'a pas pour objet principal le simple nettoyage. L'attaque de Jésus-Christ n'est en réalité qu'une note de bas de page par rapport au point essentiel. Ce que nous voyons dans le temple, c'est le zèle pour la gloire et l'honneur du Père. Dans un premier temps, ce zèle prend forme dans un acte de purification. Mais nous passerions à côté de l'essentiel si nous nous arrêtions là. Ce qui est véritablement glorieux dans cette histoire, c'est qu'enfin, Il y a Quelqu'un debout dans le temple qui le remplit d'un dévouement ardent pour le Père.

L'appel de Dieu dans la création trouve ici sa réponse dans une fidélité complète. « Où est Ma créature fidèle ? » « Où est celle que J'ai créée pour être sainte et irréprochable devant Moi ? » « Où est celle que J'ai appelée à surgir du néant pour se tenir devant Moi et vivre dans Ma présence, Ma grâce, Mon amour et Mon dévouement ? » C'est la question qui hante toute la création et résonne dans chaque âme humaine. « Où êtes-vous, où êtes-vous, où êtes-vous ? » C'est la question qui s'infiltre irrésistiblement au plus profond de votre âme — et vous n'avez pas de réponse.

Mais voici qu'enfin, au cœur de la création, au cœur de notre chair humaine, de notre existence et de notre être, quelqu'un répond à l'appel.

Le Fils entre dans le flux de l'existence humaine, là où nous avons tous échoué à répondre à l'appel de Dieu. Il chausse les souliers d'Adam, d'Israël, de chacun de nous. Et Il se tient face à toute l'histoire de paresse humaine et d'indifférence, de faiblesse et de fragilité, d'obstination et d'échec. Il crie un Non! tout-puissant et intolérant contre tout cela. Il attaque et détruit. Il remet de l'ordre dans la maison.

Mais encore plus, Jésus-Christ ne laisse pas la maison vide. Il ne se contente pas d'emporter notre échec : Il le remplace par Sa propre justice devant le Père. Il ne se contente pas d'ôter notre fausse réponse : Il y met Sa réponse véritable. Il remplit le temple de Lui-même et de tout ce qu'Il est devant Son Père. Et Il met notre nom sur Sa réponse.

Il est notre prêtre dans le temple, présentant notre réponse et notre offrande à Dieu. Il n'a pas seulement envahi notre côté de la relation d'alliance. Il n'a pas seulement attaqué notre échec. Il a rempli notre côté de l'alliance de Sa propre sincérité, intégrité, passion et amour, de Sa sainteté, de Sa paix et de Sa fidélité.

Il répond pour nous. Il est notre réponse. Jésus est la réponse du Père et la nôtre.

Le Nouvel Appel

Dans Son invasion totale et Son offensive décisive, Jésus a transformé toute la situation humaine devant Dieu. En Lui, le véritable exode a eu lieu. En Lui, nous avons été libérés et conduits vers la terre promise. Dans Son attaque, le Fils de Dieu a agi de manière décisive, une fois pour toutes, pour délivrer l'humanité des chaînes du péché, de l'aliénation et de la rupture. Et dans Son offensive, le Fils n'a pas seulement agi pour détruire et délivrer, mais aussi pour établir un tout nouvel ordre de l'existence humaine.

La réponse offerte en Jésus-Christ constitue l'éclatement des outres de l'ancienne alliance et l'établissement d'une nouvelle alliance entre Dieu et l'humanité—une nouvelle relation entre Son Père et nous.

À l'ordre du Père, Jésus-Christ a forgé et realisé un tout nouvel ordre, une toute nouvelle réalité de communion divine-humaine. Par l'incarnation, la crucifixion et la résurrection, par la foi et la fidélité, Il a établi une relation juste de paix, de communion et de bénédiction.

En Lui-même, dans Sa vie, Sa mort, Sa résurrection et Son ascension, Jésus-Christ a court-circuité notre échec et nous a amenés auprès de Son Père.

C'est ce que signifie que le Fils de Dieu soit devenu chair. Notre existence étrangère, tombée et brisée a été envahie et entièrement détruite. Notre existence a été refaçonnée, recréée et reçue dans une forme nouvelle, venue d'en haut. C'est la gloire de Jésus-Christ. Il a ôté notre aliénation et nous a rendus saints et irréprochables. Il a franchi le gouffre de séparation, nous a saisis et nous a conduits, en Lui-même, auprès de Son Père.

En Lui, nous occupons une nouvelle position, une position de grâce extraordinaire, une position de vraie paix avec Dieu, une relation nouvelle avec le Père. C'est ce que Jésus a accompli, réalisé, achevé.

Nous ne nous tenons pas seulement devant la question du Père : « Où êtes-vous ? » Nous nous tenons devant Sa réponse dans la proclamation de l'Évangile : « Vous êtes en Mon Fils, avec Moi ! » Voilà la grâce de Dieu en Jésus-Christ. Et c'est ici que nous nous trouvons, sous un nouvel appel de Dieu notre Père.

On raconte qu'un jour, alors que Martin Luther priait, le diable vint l'accuser (car c'est ce que fait le diable : il est l'accusateur des frères). Le diable commença à rappeler tout ce que Luther avait fait ou n'avait pas fait, dit ou n'avait pas dit, tous ses défauts et échecs. Selon l'histoire, Luther se tourna vers lui et dit : « C'est tout ce que tu sais faire ? » « Est-ce là tout ce que tu sais de moi ? » « Tiens, laisse-moi t'aider. » Et Luther commença alors à énumérer au diable encore plusieurs de ses faiblesses, échecs, fautes et péchés.

Puis Luther se tourna et dit : « Mais ce n'est pas tout. » « Oui, je suis pécheur, mais je suis un pécheur avec un Seigneur extraordinaire qui a ôté ma culpabilité, ma honte, mon péché, mon infidélité et m'a donné une nouvelle relation avec Son Père. »

Vous voyez ce que Luther faisait. Il répondait à l'accusation mensongere du diable par la vérité de l'Évangile. Il disait en substance : « Ne t'avise pas de me harceler avec condamnation et honte pour me réduire à une souris d'église terrée dans un coin, fuyant mon Père, alors que Jésus nous a réconciliés. » « N'essaie pas de me renfermer sur moi-même. » « Je me tiens en Jésus-Christ, purifié, sans tache ni ride. » « Je me tiens dans l'étreinte stupéfiante du Père en Lui. » « Je ne retournerai pas à la honte et à la culpabilité. » « Je ne retournerai pas au néant de la performance religieuse. » « Pars d'ici ! »

C'est ce que la nouvelle de l'invasion divine, de l'attaque et de la victoire de Jésus-Christ nous commande. Elle nous appelle à croire ce que Dieu a accompli et à sortir de notre cachette pour vivre dans une communion sans honte avec notre Père en Jésus-Christ. Elle nous proclame que, sur l'ordre du Père, Jésus nous a amenés auprès de Son Père.

Elle nous proclame la nouvelle stupéfiante que notre relation avec le Père ne dépend pas de nous ; elle dépend de Jésus. Voilà le don extraordinaire du Dieu Trinitaire pour nous. Nous avons reçu une relation réelle avec le Père Lui-même, et elle ne dépend pas de nous ; c'est une relation en Jésus-Christ — créée, forgée et soutenue dans Sa fidélité. Nous sommes appelés à nous y complaire, à nous en glorifier et à nous en remplir.

Cette nouvelle retentit tout autour de nous et exige que nous l'entendions et que nous la fassions nôtre. Elle nous commande d'écouter la Parole et de croire. Elle nous commande donc de cesser de gémir et de nous lamenter, de cesser notre agitation religieuse grandiose et prétentieuse, et de vivre dans le choc de l'étreinte du Père — avec toute confiance, assurance et espérance.

La victoire de Jésus-Christ nous commande de recevoir le fait glorieux que Dieu le Père nous a saisis d'une étreinte éternelle en Jésus-Christ, et donc de prendre la Parole et de terrasser les démons de l'insécurité, de la peur et du désespoir qui nous hantent et nous dominent. Nous sommes appelés à abandonner nos tentatives sans fin de nous justifier nous-mêmes, à renoncer au fardeau épuisant de prouver que nous méritons d'être sur cette terre, et à accueillir le fait que, que nous fassions ou non quoi que ce soit qui marque notre passage ici comme un investissement digne, Dieu a justifié notre existence en Jésus-Christ.

La nouvelle de la victoire de Jésus-Christ sur nous nous commande d'affronter le harcèlement paralysant de la solitude et de la honte, avec toutes leurs implications multiples, et de proclamer hardiment qu'il s'agit d'illusions grotesques — de pures mensonges — inventés par le père du mensonge, car le Père nous a acceptés dans le Bien-aimé.

La Parole de Dieu, réalisée et proclamée dans l'invasion, l'attaque et la victoire de Jésus-Christ, nous commande d'arrêter d'essayer de répondre à Dieu par nous-mêmes, et de croire en Jésus-Christ, la réponse de Dieu et la nôtre.

Voilà ce que le Père veut : des hommes et des femmes qui comprennent et croient en Son Fils et qui sont donc en paix. Il veut des personnes qui croient que leur aliénation a été totalement détruite et qu'elles ont reçu une relation réelle avec Lui en Jésus. Il veut des personnes qui voient, savent et, de ce fait, rayonnent la victoire de l'attaque de Jésus depuis le plus profond de leur être.

Pas de religion, mais de l'inspiration. Pas des hommes et des femmes qui fabriquent une vie sainte en plastique pour Dieu, qui ne trompe qu'eux-mêmes, mais des personnes inspirées par la nouvelle impossible qu'elles ont été enlacées par Dieu. Voilà ce que Dieu veut que nous soyons — un peuple stupéfait, bouche bée d'émerveillement devant cette nouvelle, et ainsi un peuple vivant dans la fierté émerveillée de la grâce offensive de Dieu en Jésus.

Notre Père veut des personnes qui se nourrissent de la Parole de Jésus, des personnes qui osent croire qu'elles ont été incluses, et donc des personnes qui vont hardiment et vivent là où aucun homme n'est jamais allé ni vécu auparavant — dans la présence même de Dieu le Père Tout-Puissant et dans Son plaisir joyeux. Car c'est ce que notre Père avait prévu pour nous dès l'éternité, et c'est ce qu'Il a maintenant accompli en nous en Jésus-Christ, par la puissance de l'Esprit.

Lève-toi, sois éclairée, car ta lumière arrive, Et la gloire de l'Eternel se lève sur toi. Voici, les ténèbres couvrent la terre, Et l'obscurité les peuples; Mais sur toi l'Eternel se lève, Sur toi sa gloire apparaît. Des nations marchent à ta lumière, Et des rois à la clarté de tes rayons. (Ésa 60:1-3).

Chapitre 4 — L'Homme Vicaire

2 Corinthiens 5.14–21

Si nous retenons une seule chose d'une lecture générale du Nouveau Testament, c'est bien l'impression claire et puissante que la venue de Jésus-Christ fut un événement colossal. Cet événement a suscité vingt-sept livres, écrits par neuf auteurs différents. Et, d'une manière ou d'une autre, le thème de chaque verset, chaque paragraphe, chaque chapitre, c'est Jésus-Christ — et ce qui s'est accompli en Lui.

Tous les écrivains du Nouveau Testament rayonnent d'étonnement devant ce qui a pris forme en Sa venue. Ils sont saisis, bouleversés, et se sentent contraints de nous le faire voir, de nous le faire sentir. Et quel chrétien n'a pas envie de se tenir là où ils se tenaient, d'entendre ce qu'ils ont entendu, de ressentir ce qu'ils ont ressenti ? Le but de ce petit livre est précisément celui-là : nous aider à retrouver quelque chose de cette stupeur viscérale, de cette sainte admiration qui animait l'Église primitive lorsqu'elle se tenait, dans l'Esprit, face à la gloire de Dieu révélée en Jésus-Christ.

On peut résumer ce que nous voyons en trois affirmations simples, presque abstraites :

1. Le Père a un plan pour nous — un plan glorieux, éternel.

2. Jésus-Christ a reçu la charge de ce plan, et Il l'a accompli dans l'histoire.

3. L'Esprit agit maintenant pour révéler au monde la victoire de Jésus-Christ.

Ces formules abstraites ont, bien sûr, leur utilité — mais elles sont loin d'être satisfaisantes. Elles manquent de la passion implacable du Père pour nous dans son dessein, de la splendeur souveraine de Jésus-Christ dans sa victoire, et de la vivante espérance de la présence de l'Esprit, qui lutte avec nous et avec toute la création aujourd'hui encore. Il est donc d'une importance capitale que, tout en cherchant la concision, nous prenions néanmoins le temps de passer de l'abstrait au concret, afin que la vérité puisse réellement nous toucher — et nous rendre libres.

Arrêtons donc un instant le flot de notre réflexion pour contempler plus attentivement le fil écarlate qui traverse toute notre discussion. Il est implicite dans tout ce que nous avons dit, parfois explicite — mais il est si central qu'il faut le dégager délibérément, le mettre en lumière. Car ce fil est si fondamental qu'il doit sans cesse être remis sous nos yeux, encore et encore.

Ce « fil écarlate », c'est ce que le professeur James B. Torrance, d'Écosse, appelle *l'humanité vicaire du Christ*.

Tout enfant d'école du dimanche sait que Jésus est mort *pour nous*. Il est mort d'une mort substitutive : Il a souffert à notre place. Mais parler de l'humanité vicaire du Christ, c'est dire bien plus que cela : c'est affirmer qu'Il a pris notre place — non seulement pour ôter notre culpabilité sur la croix, ce qu'Il a pleinement accompli, — mais aussi pour être le substitut de toute notre existence humaine.

Cela peut, à première vue, sembler un peu déroutant, voire inquiétant. Mais cela ne signifie pas qu'Il soit venu nous remplacer. Cela veut dire qu'Il est venu échanger son humanité avec la nôtre. Il est venu échanger ce qu'Il est et ce qu'Il possède contre ce que nous sommes et ce que nous avons. Il est venu prendre notre humanité aliénée pour nous donner la véritable humanité. Il est venu échanger notre existence brisée contre une existence humaine en parfaite communion, face à face avec son Père.

La différence entre parler de la mort vicaire du Christ et parler de l'humanité vicaire du Christ, c'est que dans le premier cas, on affirme que Jésus est mort à notre place, tandis que dans le second, on affirme que Jésus est à notre place. Dans le premier, sa justice est échangée contre notre culpabilité ; dans le second, notre existence humaine déchue est échangée avec l'existence humaine de Jésus auprès de son Père. Ce qui est substitué n'est donc pas seulement sa justice contre notre péché, mais toute son existence. Il s'agit d'une humanité vicaire, dans laquelle il nous est donné une nouvelle existence humaine auprès du Père.

C'est cette nature vicaire de l'existence du Christ qui se trouve en filigrane, comme une assumption fondamentale, derrière ce que l'apôtre Paul exprime dans Romains 5, 2 Corinthiens 5, Éphésiens 1–2, et Colossiens 1–2. Ainsi, il écrit par exemple : « Car l'amour de Christ nous presse, parce que nous estimons que si un seul est mort pour tous, tous donc sont morts »

(2 *Corinthiens 5.14*). Et encore : « Car en lui habite corporellement toute la plénitude de la divinité. Vous avez tout pleinement en lui » (*Colossiens 2.9–10*).

Peut-être plus clairement que tout autre auteur du Nouveau Testament, Paul perçoit le lien décisif entre Jésus-Christ et l'humanité. Il voit que nous sommes liés à Jésus-Christ, inséparablement unis à Lui. Il ne cherche pas à l'expliquer. Il ne se lance pas dans une longue démonstration pour justifier comment cela peut être possible. Il le voit, tout simplement.

Et Adam l'a préparé à voir cela. Un seul est mort pour tous, donc tous sont morts. Par Adam sont venus la condamnation et la mort pour tous ; par Jésus sont venus la justification et la vie pour tous. En Adam, nous avons été vidés ; en Jésus, nous avons été comblés.

Le point essentiel ici, c'est que Jésus-Christ n'est pas une île. Il n'est pas un justicier solitaire. Il n'est pas un individualiste américain. Il n'est pas une perle de plus sur le long collier sans fin de l'humanité. Non ! Jésus-Christ est celui en qui toutes les perles sont rassemblées, représentées, incluses et réconciliées. Il est notre vicaire, notre représentant, notre substitut, notre ministre, notre prêtre et médiateur, le Messie, le dernier Adam.

Certes, Jésus était — et est — un individu. Il était — et demeure — un homme singulier, une personne distincte. Mais, en même temps, il est bien plus que cela. Il est l'Homme "en qui" :

l'Homme *en qui* Dieu traite *avec nous, l'homme vicaire.*

C'est le point décisif que nous devons voir. C'est en vérité un point déterminant. Notre génération est désespérée de se définir. Nous sommes tous en quête d'identité. Nous sommes frénétiques à la recherche de notre "moi", de notre vrai moi. Nous tournons ici et là, dans une longue et anxieuse recherche de nous-mêmes. Nous passons d'une chose à l'autre, déçus et insatisfaits, découvrant que tout ce qui brille n'est pas de l'or et que ce que nous pensions réchauffer notre cœur nous laisse froid.

Nous sommes vides, et nous cherchons un sens, un vrai sens, celui qui s'accrochera à nos entrailles comme le beurre de cacahuète, au lieu de se dissoudre en néant comme du sucre filé. Eh bien, ici la recherche prend fin. Ici, nous tombons sur le secret. Car l'apôtre nous déclare que notre "moi" est lié à Jésus-Christ.

Notre identité, qui nous sommes, est entrelacée avec l'identité de cet homme.

Notre véritable humanité se trouve dans Son humanité. Notre véritable existence est tissée dans l'existence de cet homme. La vérité sur vous, sur moi, et même sur le monde entier, se trouve en Jésus-Christ.

Jusqu'à ce que nous voyions cela, jusqu'à ce que nous comprenions que Jésus-Christ est Celui en qui nous avons notre existence, nos propres vies ne peuvent être que mystérieuses, angoissantes, énigmatiques pour nous. Sans Lui, nous n'avons aucun sens. Il est notre demeure, et il n'y a aucune autre demeure pour nous.

Il existe mille imposteurs, et tous nous offrent les promesses les plus grandioses. Mais ils ne tiennent pas leurs promesses. Car ils n'ont aucun lien véritable avec nous. Ils ne sont pas à nous. Ils sont tous extérieurs à notre être profond, et sont donc destinés à frustrer notre âme desireuse de revenir a notre vrai maison.

Mais Jésus nous tient fermement. Il n'est pas extérieur à notre existence ; Il est le fondement même de notre être, notre raison d'être. Le rencontrer et Le connaître, c'est trouver le repos et la paix, car Il n'est pas un étranger. Il est notre unique demeure. Dans un sens profondément fondamental, rencontrer Jésus-Christ, c'est rencontrer notre propre être.

La Connexion Jésus–Évangile

La description de Jésus-Christ comme l'homme vicaire relie entre elles les deux vérités cardinales de l'Évangile. Les deux concernent l'idée de connexion, et pas n'importe quelle connexion : une connexion profondément essentielle.

Regardons d'abord la première : la connexion entre le message et la personne de Jésus. Cette première connexion signifie que la substance même de l'Évangile, c'est Jésus Lui-même et ce qui Lui est arrivé.

Aujourd'hui, cette vérité est rapidement éclipsée. Elle était au cœur de la théologie de l'Église primitive, et elle a été redécouverte lors de la grande Réforme. Mais elle est de nouveau obscurcie aujourd'hui. Nous nous sommes tellement focalisés sur le fait que Jésus est mort *pour nous,* qu'on oublie *qu'Il* est mort. Ce que Jésus a *fait* pour nous tend à éclipser Jésus *Lui-même.*

Il est pourtant parfaitement clair que Jésus-Christ est Celui qui a souffert et est mort. Et pourtant, d'une étrange manière, le fait que tout cela *Lui* soit arrivé semble devenir de moins en moins significatif à mesure que nous avançons. Les événements de sa vie semblent parfois plus importants que la personne qui les vit.

L'attention s'est déplacée de Jésus-Christ à Sa mort vers la mort en elle-même. L'accent est désormais mis sur la croix plutôt que sur Christ sur la croix. Et, avant même que nous nous en rendions compte, nous avons passé à côté du fait que c'est Jésus qui a vécu, souffert, est ressuscité et est *maintenant auprès du Père*.

Sans que nous le réalisions, Jésus est devenu simplement un moyen pour atteindre une fin, plutôt que la fin elle-même. Il est devenu un instrument, comme une sorte de clé divine que Dieu aurait saisie pour travailler sur notre monde brisé, pour ensuite la remettre dans la boîte à outils une fois le travail accompli.

Nous avons perdu de vue la connexion profonde entre l'œuvre de Jésus et Jésus Lui-même. Elles ont été séparées. Et, par conséquent, notre conception la plus fondamentale de l'Évangile a été profondément altérée et brouillée.

Le grand œuvre de Dieu en Christ ne se fait pas seulement par Christ, mais en Christ. Ce que Dieu accomplit en Jésus, Il l'accomplit *en* et *en tant que* Jésus-Christ. C'est une œuvre incarnée.

Jésus n'est pas une clé divine à molette ; Il est le Fils incarné. Le grand échange ne se résume pas à une simple comptabilité ; il s'agit du *Fils de Dieu qui devient humain.* La bonne nouvelle concerne ce que le *Fils de Dieu est devenu.* Il s'agit de ce changement, pourrait-on dire, qui est Lui-même, de ce changement dans Son existence.

L'image de la clé à molette suggère une déconnexion nette entre l'outil et l'objet qu'on répare. C'est comme un mécanicien qui travaille sur une voiture ou un médecin sur un patient : l'outil n'est pas affecté, et le médecin, au plus, se salit les mains. Mais l'œuvre de Jésus-Christ n'est pas du tout comme cela. C'est une œuvre incarnée. Il est le médecin qui devient le patient, le mécanicien qui devient le moteur. Il s'est plongé dans notre existence et l'a prise sur Lui. Il n'agit ni à distance ni depuis une séparation. Il est devenu chair. Il est devenu ce que nous sommes.

L'œuvre du Fils de Dieu réside dans le fait qu'Il est devenu un être humain, qu'Il a souffert, qu'Il est mort, qu'Il est ressuscité et qu'Il est monté au ciel, vivant maintenant dans l'intimité de la communion du Père. Il est avec le Père maintenant en tant qu'homme.

Voilà le grand changement. Voilà la bonne nouvelle. C'est la nouvelle de Jésus-Christ et de Son existence comme homme avec le Père. L'accent fondamental n'est pas sur ce qu'Il a fait, mais sur qui Il est et ce qu'Il est devenu. L'Évangile ne parle pas de certains événements isolés de Sa vie. Il parle de ce qu'Il est devenu à travers ces événements.

C'est la première connexion que nous devons percevoir. L'Évangile regarde la vue d'ensemble, l'ensemble de l'événement qu'est l'existence de Jésus. Il embrasse toute l'histoire de Jésus.

Nous portons assurément une attention particulière aux événements majeurs de Sa vie—Son incarnation, Sa mort, Sa résurrection, Son ascension, par exemple. Mais ces événements sont si cruciaux parce qu'ils font partie du grand événement qu'est Son existence. Ils sont importants en raison de ce qu'Il fait et de ce qu'Il est en eux, de ce qui Lui arrive et de ce qu'Il devient à travers eux.

Nous ne devons pas perdre de vue la forêt à force de regarder les arbres. Nous devons garder nos yeux fixés sur Jésus Lui-même. Voilà ce que l'Évangile nous dit : regardez ce Dieu qui devient chair, et contemplez ce qui Lui arrive, ce qu'Il devient.

Ce que Dieu a accompli en Jésus-Christ n'est pas comme une robe qui, en soi, n'a rien à voir avec la personne qui la porte. Une robe peut être retirée et mise dans le placard. La porte peut se fermer et la robe n'est plus là. Elle est simplement extérieure, sans lien réel avec la personne. Mais ce que Dieu a fait en Jésus ne peut être séparé de Lui. Cela ne peut Lui être enlevé, ni être placé ailleurs. Cela fait trop partie de qui Jésus est. Son existence même comme être humain auprès du Père est l'œuvre de Dieu.

La bonne nouvelle ne concerne pas ce que le Fils de Dieu a fait, mais ce que le Fils de Dieu est et ce qu'Il a accompli en et à travers ce qu'Il a fait. L'Évangile prend en compte l'ensemble continu de Son existence personnelle, depuis le ventre de la Vierge Marie jusqu'à Sa session humaine à la droite du Père dans la gloire. C'est la bonne nouvelle de Jésus-Christ, de Son existence humaine et de ce qu'elle est devenue.

Le Fils de Dieu est devenu humain. Et Il a conduit Son humanité à travers la mort, dans la résurrection, jusqu'à l'étreinte du Père. Il est devenu chair, et comme homme, Il est mort, comme homme Il est ressuscité, et comme homme Il est monté au ciel vers le Père. Ici se révèle l'essence de ce que signifie que l'Évangile soit la bonne nouvelle de Jésus-Christ : le Fils de Dieu est devenu homme et a forgé une existence humaine avec Son Père dans l'Esprit. Il est devenu humain, a aboli la fausse humanité, et a créé une nouvelle existence humaine. *Il est la nouvelle humanité.*

Il n'est pas un simple instrument utilisé pour atteindre un but plus élevé. Non ! Il est le but lui-même. Son existence humaine avec le Père est la récompense, le prix ultime. Il est lui-même la réalité du changement.

Maintenant, comme être humain, comme homme, Il est face à face avec Son Père. Maintenant, comme homme, Il demeure dans le Père dans une parfaite unité. Maintenant, comme homme, Il vit dans le cercle de Sa communion dans l'Esprit. Voilà l'Évangile : la bonne nouvelle de Jésus-Christ, de Son existence comme être humain avec le Père dans l'Esprit, ici et maintenant.

C'est ce point que nous devons retrouver. Le Fils de Dieu est devenu fils de l'homme et vit maintenant comme homme avec Son Père dans l'Esprit. Il est devenu pleinement humain et a conduit Son humanité jusqu'au Père. C'est le changement des changements. Tout tourne autour de ce qu'est devenu le Fils de Dieu.

La Connexion Jésus–Nous

Comme nous l'avons déjà souligné, la description de Jésus-Christ comme l'homme substitutionnel, l'homme vicaire, met en lumière les deux concepts cardinaux de l'Évangile. Nous nous sommes jusqu'ici concentrés sur le premier, à savoir la connexion décisive entre Jésus lui-même et la bonne nouvelle. L'Évangile n'est pas simplement la nouvelle de ce que Dieu a fait par Jésus, mais de ce que Dieu a accompli *en* et *en tant que* Jésus-Christ. C'est la bonne nouvelle de l'existence humaine du Fils de Dieu, qu'Il a façonnée dans une union parfaite avec le Père dans l'Esprit. Maintenant, nous abordons le second concept fondamental, qui touche également à l'idée de connexion. Mais ici, la connexion n'est pas entre Jésus et l'Évangile, elle est entre Jésus et nous.

Nous avons souligné à maintes reprises que l'Évangile est la bonne nouvelle de Jésus-Christ. Mais maintenant, nous devons considérer que ce que Jésus est devenu est une bonne nouvelle pour nous.

Dans un premier temps, l'Évangile concerne strictement le Fils lui-même et ce qu'Il est devenu. Dans un second temps, il révèle que cet acte est vicariant. Nous avons été, et nous sommes, impliqués en Lui et dans ce qu'Il est devenu.

Il y a une chose que nous devons comprendre : voir le Fils de Dieu comme homme maintenant auprès du Père est une chose. Mais réaliser que nous, et le monde entier, sommes liés à Lui en est une autre. Ici, nous faisons face à l'impressionnante réalité de Jésus comme l'homme vicaire. C'est ce fait seul qui rend l'Évangile véritablement une bonne nouvelle pour nous.

L'apôtre Paul voit que Jésus-Christ n'est pas un poids

plume dans l'ensemble du plan de Dieu. Il voit que, bien que Jésus soit un individu et qu'Il soit le seul à être mort et ressuscité, cet acte n'en est pas moins l'acte de Dieu traitant avec nous tous. Comme il l'exprime lui-même : « Dieu était en Christ, réconciliant le monde avec Lui-même » (2 Cor 5:19). *Il nous a réconciliés en Christ* (v. 18).

Nous devons méditer profondément sur cela, car notre vie en dépend. C'est une chose de dire que Dieu a accompli quelque chose en Jésus qui *peut être* notre réconciliation. Mais cela en est une autre d'affirmer comme un fait accompli que Dieu *nous a réconciliés* en Christ.

La première formulation nous laisse en dehors des événements de la vie de Jésus. La seconde nous implique en Lui et dans ce qui Lui est arrivé. La première dit que Dieu a fait quelque chose *pour nous* en Jésus. La seconde dit que Dieu a fait quelque chose *avec nous* en Jésus.

La première suppose une déconnexion entre Jésus et nous. Il est là-bas, nous sommes ici. La seconde suppose une connexion décisive. Il est là, et je suis liés à Lui. Je suis impliqués dans ce qu'Il est devenu. L'apôtre nous dit que Dieu n'agissait pas seulement en Christ, mais qu'Il nous réconciliait, vous et moi, dans cet acte. En Jésus, Dieu accomplissait quelque chose en moi, en vous, en tout le monde.

Le vieil hymne pose la question : « Étiez-vous là quand on a crucifié le Seigneur ? » et Saint Paul répond par un retentissant « Oui ! » Il voit que cet unique acte a une signification cosmique. Il voit notre identification, notre connexion avec Jésus-Christ — ou plutôt, son identification et sa connexion avec nous. Il voit la tête et la seigneurie de Jésus sur nous. Il voit que nous étions liés à Christ et à ce qui Lui est arrivé. Il voit que Dieu a agi avec nous en Jésus. Nous étions résolument impliqués dans cet unique acte de Dieu.

L'apôtre Paul a vu Jésus-Christ nommé dès l'éternité

comme celui destiné à accomplir la passion du Père pour vous et moi et pour la création. Il l'a vu élu pour être le médiateur, le PDG, comme nous l'avons dit, avant même la fondation du monde. Et il a vu le Fils de Dieu entrer dans l'histoire. Et il voit que ce qui se passe ici en Jésus, dans Son existence, n'a pas une importance périphérique, hypothétique ou lointaine pour nous. Non ! Paul voit que l'incarnation du Fils de Dieu est un événement de souveraineté divine scandaleuse, dans lequel Dieu — indépendamment de notre permission ou de notre vote — nous a en quelque sorte enlacés avec son lasso et nous a rassemblés.

L'incarnation est un acte d'identification et de connexion profonde avec nous. Comment pouvons-nous comprendre cela ? Nous sommes Nord-Américains. Nous sommes indépendants. Nous sommes des individualistes endurcis. On nous a enseigné dès le sein maternel que nous devons nous tenir debout par nous-mêmes. Dès le premier jour, on nous a bourré le crâne de l'idée que nous sommes nos propres hommes et femmes. Et chaque jour, tout le système nous prêche que notre identité se trouve strictement en nous-mêmes.

L'apôtre Paul, cependant, vient ici comme avec un marteau-piqueur contre cette notion trompeuse et obscurcie. Il nous déclare que c'est un mensonge. Cela n'a jamais été vrai. Nous ne sommes pas des individus isolés. Il n'existe pas de « juste moi », debout tout seul. Il nous affirme que nous sommes liés à Jésus-Christ. Nous sommes connectés à Jésus. Il est notre Chef et Seigneur. Il est notre médiateur et prêtre, notre représentant et substitut. Sa venue signifie que nous ne sommes pas seuls ; nous sommes debout en Lui.

L'humanité, avec tous ses individus indépendants, a été encerclée et rassemblée dans l'humanité de Dieu. L'humanité a été concentrée et focalisée en Jésus. Il a résumé toutes choses en Lui (Éphésiens 1:10).

L'incarnation du Fils de Dieu est-elle moins profonde que la création d'Adam ? Pourquoi devrions-nous accorder plus de poids à Adam dans la création qu'à Jésus-Christ ? Il est le Fils de Dieu. C'est le Créateur, et non un simple être créé, qui est devenu humain. Au minimum, sa connexion avec la race humaine est au moins aussi solide que celle d'Adam. Ne devrions-nous pas penser que, si nous nous trompons ici, il vaut mieux errer du côté de la grandeur surpassante de Jésus-Christ par rapport à celle d'Adam ? Ne devrions-nous pas, au lieu d'un ambigu « oui, mais… », proclamer un retentissant « combien plus encore ! »

Aussi certainement que nous avons tous été pris en Adam, nous avons été pris en Jésus-Christ, et bien plus encore. Car lorsque le Fils de Dieu est intervenu personnellement dans l'équation de l'existence humaine, Adam, la créature, s'est trouvé confronté à Dieu, le Créateur, et a été devoilé comme ne faisant pas le poid.

Si tout Israël était impliqué dans l'acte du grand prêtre lorsqu'il entrait dans le saint des saints, combien plus grande devons-nous percevoir l'implication lorsque le Fils de Dieu est devenu humain et est entré dans la véritable Présence !

Comment interpréter un événement divin aussi radical que l'incarnation du Fils de Dieu autrement que comme un acte stupéfiant d'identification substitutionnelle avec nous ? Il est Celui par qui toutes choses ont été créées et en qui toutes choses subsistent. Supprimez-Le, et toute la création s'évapore.

Lorsqu'Il intervient personnellement dans l'équation de l'existence humaine, ce n'est pas un moment périphérique pour nous. Ce n'est pas un article de dernière page, une note en bas de page, une simple information. C'est un acte décisif de Seigneurie souveraine sur nous. C'est l'acte de Dieu par lequel nous sommes rassemblés. Voilà le Fils de Dieu.

Pour le meilleur ou pour le pire, lorsqu'Il entre dans l'existence humaine, ce qu'Il devient est ce que nous devenons. Pour le meilleur ou pour le pire, ce qui Lui arrive, nous arrive.

C'est cela qui a captivé Paul. Il a vu cette identification, cette connexion divine-humaine en Jésus, cette connexion Jésus–nous. C'est immense. C'est souverain. C'est décisif. Jésus-Christ n'est pas simplement un homme—Il est l'homme, l'homme vicaire, en qui nous sommes décisivement impliqués.

La Promesse de l'Homme Vicaire

Le Fils de Dieu est devenu un être humain, et à travers le feu et l'épreuve, à travers la crucifixion et la résurrection, Il a forgé une existence humaine dans une parfaite unité avec Son Père. Désormais, en tant qu'homme, Il demeure dans la gloire même et la vie de Dieu. Désormais, en tant qu'homme, Il vit face à face avec Son Père, en sécurité, pleinement participant à tout ce que le Père est et possède dans l'Esprit.

Mais Jésus-Christ est maintenant auprès du Père non seulement comme un homme, mais comme *l'Homme,* l'Homme en qui l'humanité entière est comprise, *l'Homme vicaire.* Et cela signifie que Son existence même en tant qu'homme auprès du Père, Son humanité même unie à Dieu, constitue notre réconciliation et notre glorification.

Jésus-Christ, crucifié mais vivant désormais auprès de Son Père, est la justification de notre existence. Il est l'acte même de notre inclusion et de notre adoption.

L'Évangile nous confronte à cette nouvelle bouleversante : en Jésus-Christ, nous avons été purifiés, réconciliés et glorifiés. En Lui, nous avons été introduits dans la vie et la gloire mêmes de Dieu.

D'un côté, cette réalité ne peut jamais être séparée de

Jésus-Christ. Lui seul est l'homme justifié et glorifié. Lui seul demeure dans le Père. Mais d'un autre côté, Il ne peut jamais être séparé de nous. Nous sommes inclus dans Son existence justifiée et glorifiée.

Voilà pourquoi l'Église primitive proclamait Jésus non seulement comme notre Sauveur, mais comme notre salut lui-même. Car elle voyait ces deux grandes connexions au cœur de l'Évangile. Elle croyait en l'incarnation. Elle croyait en la réalité permanente de l'humanité du Fils, maintenant et pour l'éternité. Elle voyait le Fils de Dieu devenir homme, et aller, en tant qu'homme, vers le Père. Et elle voyait cette connexion glorieuse — mais scandaleuse — qu'Il entretient avec nous tous. C'était un acte vicaire. Son existence même auprès du Père, en tant que Fils incarné, crucifié, ressuscité et exalté, est l'expiation entre Dieu et l'humanité.

Il est un avec le Père — totalement, parfaitement un — dans l'Esprit. Et Il est un avec le Père en tant qu'Homme vicaire.

Son existence est la réalité même de notre union avec Dieu. Elle est notre réconciliation. Il est notre justification. Il est notre paix avec Dieu. Il est notre glorification et notre adoption.

Nous n'avons pas encore entendu l'Évangile tant que nous n'avons pas entendu cela. Nous n'avons pas encore contemplé la gloire de Jésus-Christ tant que nous n'avons pas vu Son existence auprès du Père comme la vérité glorieuse de notre propre existence. Car en Jésus-Christ, et en tant que Jésus-Christ, Dieu S'est saisi de vous, de moi, et du monde ; Il a aboli notre fausse existence, et Il nous a recréés en union avec Lui-même. Voilà ce que signifie l'humanité vicaire du Fils de Dieu : Il est notre union avec Dieu.

C'est maintenant la réalité même de notre inclusion en Jésus et de Sa vie avec Dieu, le fait même que Lui, en tant qu'Homme vicaire, est notre demeure en Dieu et dans l'univers, qui crée les promesses — et les avertissements — de l'Évangile. Autrement dit, c'est le fait que Jésus-Christ est maintenant notre réconciliation qui établit le fondement et la nécessité de la foi. C'est le fait que Jésus-Christ est Celui en qui notre existence est justifiée et glorifiée qui rend la Parole de Jésus-Christ si puissamment existentielle.

En dehors de Jésus-Christ, il n'y a aucune justification à votre présence dans la création. Vous n'avez aucun autre fondement pour exister, aucun autre sol sous vos pieds. S'il n'était pas auprès du Père, s'il n'était pas, en tant qu'homme — en tant qu'Homme vicaire qui s'est uni à vous — en Dieu, vous n'existeriez pas. Vous n'avez aucun autre point d'appui dans l'existence divine. Sa place auprès du Père, en tant qu'homme, est votre acceptation, et donc votre unique espérance et votre seule sécurité. Sans Lui, vous n'avez ni certitude, ni ancre dans la vie. Sans Lui, vous n'avez aucune garantie de continuer d'être.

C'est la grâce de Dieu en Jésus-Christ, c'est la foi et la fidélité mêmes de Jésus-Christ, l'Homme vicaire, qui nous maintiennent, vous et moi, hors du néant, et qui nous donnent existence. Car Il est la seule union que Dieu ait forgée avec nous. Il n'y a aucune autre connexion possible avec l'existence et la vie de Dieu.

Sous un angle négatif, cela signifie, pour vous, pour moi, et pour tout être humain sur la terre, que l'ignorance de Jésus-Christ, l'ignorance de ce que Dieu a fait de nous en Lui, n'est pas une question secondaire. L'ignorance de Jésus-Christ ne peut conduire qu'à un désespoir du plus profond ordre. Car seule la connaissance de Jésus-Christ, et de ce que nous sommes devenus en Lui, possède la réalité et la puissance capables de nous convaincre que notre existence même n'est pas en péril.

Peut-être le péril même de notre existence n'a-t-il jamais franchi le seuil de notre conscience. Mais cela ne veut pas dire que nous ne le sachions pas. Bien au contraire.

Le savoir le plus profond et le plus puissant de notre vie est le savoir de l'âme, le savoir de l'homme intérieur. Et c'est là, dans les profondeurs de notre être, que nous savons que notre existence même est menacée. Comment pourrait-il en être autrement ? Car c'est seulement en Christ que notre existence est assurée.

Celui qui ne sait pas ce que Dieu a fait de lui en Christ n'est pas là, assis avec une âme paisible, calme, confiante et en sécurité. Sur quelle base pourrait-il y avoir un réel calme, une véritable sécurité ? C'est impossible.

Notre seule sécurité dans l'univers réside dans ce fait : Jésus-Christ est auprès du Père, et nous sommes inclus en Lui. L'ignorance de ce fait ne laisse pas nos âmes tranquilles, installées dans une confortable neutralité ; elle les laisse profondément malades. Frénétiques ! Déchirées par l'insécurité. Terrifiées. Épuisées. Désespérées.

Lisez attentivement cette épitaphe que j'ai un jour trouvée gravée sur une pierre tombale :

La marche du temps verra
que vous êtes ici avec moi,
et vous aussi serez oubliés.

Voilà ce que l'âme ignorante de Jésus-Christ connaît : le tourment inévitable du néant qui approche. Et l'âme sait qu'elle n'a absolument aucun moyen de faire taire ce spectre, aucun cri capable de le repousser. Seule la Parole de Dieu, proclamée en Jésus-Christ, possède une telle réalité et une telle puissance. Car c'est seulement en Jésus-Christ que la menace du néant a été réellement vaincue.

C'est seulement en Lui que nous sommes devenus quelque chose. C'est seulement en Lui que nous avons un appui réel dans l'être éternel. Être ignorant de Lui, c'est être à la merci du moindre souffle du néant, qui jette aussitôt sur nos âmes les chaînes de l'angoisse. Car nous n'avons en nous-mêmes aucune réponse, et il n'en existe pas d'autre. Nous n'avons aucun moyen de réduire au silence le murmure menaçant : « *Tu cesseras d'être.* »

Si nous ne nous savons pas participants à Jésus-Christ, inclus dans Son existence justifiée et dans Son intimité avec Dieu, nous sommes bien loin d'une neutralité tranquille. Nous sommes des âmes brisées, incurablement tourmentées par la culpabilité, la honte, et la menace de notre propre désintégration.

Sans la connaissance de Jésus-Christ, quelle espérance avons-nous de jamais connaître la paix, l'unité intérieure ou la plénitude ? Comment pourrait-il y avoir la moindre harmonie entre notre intérieur et notre extérieur ? Comment pourrait-il y avoir la moindre correspondance entre notre âme et notre humanité ? Comment pourrions-nous goûter la véritable liberté d'être ? Comment pourrions-nous éprouver une joie authentique de notre existence ? Jésus-Christ est la seule raison pour laquelle notre existence ne s'évapore pas.

Seule la connaissance de Jésus-Christ, et de ce que le Père a fait de nous en Lui, possède la réalité et la puissance capables de produire en nous la paix, l'assurance, l'espérance, la joie et la liberté. Supprimez la connaissance du Christ, et nos vies — nos relations, notre travail, nos loisirs, nos allées et venues — deviennent toutes des variations sur le thème de l'angoisse spirituelle.

Le spectre du néant nous pousse à nous prouver nous-mêmes, à démontrer que nous sommes des êtres qui comptent. Nous devenons esclaves de tout ce qui nous promet quelque chose : la carrière, le prestige, l'argent, la performance athlétique, le pouvoir, la religion. Nous nous prosternons pour être acceptés. Nous jouons le jeu — n'importe quel jeu — du moment qu'il nous donne l'illusion d'une réalité.

Nous bâtissons des empires de gloire imaginaire, dans l'espoir que, d'une manière ou d'une autre, ils puissent faire de nous quelqu'un. Nous devenons des magiciens de la rhétorique, croyant qu'une avalanche de discours exaltés pourra créer quelque chose de réel.

Nous devenons agressifs, impatients, colériques, ou bien déprimés et repliés sur nous-mêmes. Nous devenons médisants et calomniateurs, car abaisser les autres procure un instant de répit à notre propre peur du néant. Nous devenons accros au travail, accros à l'activité, accros à la religion, ou bien pantouflards et ivrognes, car nous ne supportons pas de sentir la présence de ce spectre.

Sans la connaissance spirituelle de Jésus-Christ et de ce que notre Père a fait de nous en Lui, nous devenons entièrement centrés sur nous-mêmes, incapables d'amitié véritable et d'amour réel. Car notre âme est désespérément occupée à se protéger. Quelles que soient nos relations, nous les entretenons uniquement pour notre propre bénéfice. Il ne peut y avoir aucune liberté de se donner aux autres quand nous ne possédons aucune assurance de notre sécurité éternelle.

Sans la connaissance spirituelle de Jésus-Christ, nous ne sommes pas des êtres neutres. Nous sommes des êtres dominés, harcelés, déjà pitoyables. Car nous n'avons entendu aucune Parole venant du seul qui compte, le seul qui puisse parler avec autorité véritable. Nous n'avons donc aucun repos véritable, aucune paix, aucune espérance, aucun sens, aucune sécurité. Sans la Parole divine d'assurance, nous devenons inévitablement les expressions psychologiques, physiologiques et relationnelles de l'angoisse. Celle-ci se forme irrésistiblement au cœur même de notre être humain. Voilà ce que l'ignorance de Jésus-Christ, et de ce que Dieu le Père a fait de nous en Lui, produit en nous — l'enfer!

Mais la connaissance spirituelle de Jésus-Christ marque pour nous le commencement de la fin de tout cela. Le connaître, c'est nous voir nous-mêmes sous une lumière nouvelle, une lumière qui commence à guérir l'âme et à la libérer pour la vie dans le plaisir du Père. Car la lumière de Jésus-Christ dissipe les ténèbres terribles qui hantent si profondément l'âme.

L'Évangile nous promet la joie et la paix, l'espérance, l'assurance, la plénitude et la vie en abondance. Il nous promet la sécurité, la dignité, la gloire, et la liberté d'aimer. À la place d'une âme desséchée, l'Évangile promet qu'un fleuve d'eau vive jaillira du plus intime de notre être et se répandra vers les autres.

Mais l'Évangile ne nous promet pas ces choses parce qu'il aurait confiance en nous, ni en notre capacité à être de "bons chrétiens" ou à appliquer des "principes religieux" à notre vie. Dieu nous en garde ! Il nous les promet parce qu'il connaît notre angoisse, et parce qu'il sait que Jésus-Christ est réellement notre salut. Il sait que Dieu le Père nous a véritablement embrassés en Lui.

Ainsi, il sait que rencontrer Jésus, ce n'est pas rencontrer une idée de plus, ni un nouveau système philosophique, ni un programme de développement personnel — toutes ces choses n'étant bonnes que dans la mesure où nous pouvons les réussir. Non ! L'Évangile sait que rencontrer Jésus-Christ, c'est vivre un événement qui touche la racine même de notre être. Il sait que rencontrer Jésus-Christ, c'est rencontrer une vérité vivante, une réalité qui ne demeure pas inerte, mais agit en nous.

Jésus-Christ ne vient pas à nous comme une abstraction. Il vient à nous revêtu de Son Évangile, comme la lumière de notre vie, la vérité à notre sujet. Entendre la nouvelle de Jésus-Christ, c'est rencontrer le fait que notre existence n'est pas menacée, mais assurée par Dieu ; que nous ne sommes pas coupables, mais justifiés ; que nous ne sommes pas perdus, mais retrouvés ; que nous ne sommes pas seuls, mais inclus. C'est entendre une Parole divine qui parle paix, joie, espérance et sécurité jusque dans les recoins les plus profonds de notre être. C'est entendre une Parole qui envahit la forteresse de notre angoisse et de notre crainte, et commence à les terrasser.

Si Jésus-Christ n'était qu'une simple théorie ou hypothèse, alors Sa nouvelle n'aurait pour nous aucune véritable promesse. Elle n'aurait pas le pouvoir de nous atteindre, ni de nous transformer. Elle ne viendrait à nous que comme une parole morte, et non comme la Parole vivante, active et créatrice de Dieu, capable de susciter en nous l'espérance et l'assurance. Car, en ce cas, elle ne serait qu'une information religieuse de plus, extérieure à nous, sans rapport réel avec notre être ni notre existence. Elle ne viendrait pas à nous comme vérité, notre vérité, la vérité à notre sujet.

Mais l'Évangile, lui, nous déclare que Jésus-Christ est notre Seigneur, le souverain vainqueur sur nous et sur notre existence. Il proclame que nous sommes participants de Son existence justifiée, que nous participons à Sa gloire et à Sa vie auprès du Père, que nous sommes en Lui, en Celui qui a vaincu, qui est en sécurité et vivant. Il proclame qu'en Lui, Dieu le Père tout-puissant nous a saisis, arrachés au néant, embrassés, et ramenés à la maison. Il anéantit l'épitaphe et son oppression.

L'Évangile de Jésus-Christ ne nous parvient pas comme une information théorique ou abstraite, dépourvue de réalité ; il vient à nous comme une vérité vivante. Il vient chargé de substance, chargé de la réalité de notre paix avec Dieu, chargé de la réalité de notre sécurité, chargé de la réalité de notre justification et de notre glorification en Lui.

Voir Jésus-Christ, contempler Sa place et Sa gloire dans l'ordre entier des choses, voir le grand et redoutable acte que Dieu a accompli pour nous en Lui, c'est entendre le Père déclarer : "Tu es à moi !" Et recevoir cette Parole, c'est sentir résonner un grand "Oui !" au plus profond de notre être — un Oui ! qui fait voler les portes de notre honte et de nos cachettes craintives en éclats ; un Oui ! qui baptise, baigne, immerge nos âmes dans la confiance de l'accueil du

Père.

Voir Jésus-Christ auprès de Son Père dans l'Esprit, et Le voir là non seulement comme un homme, mais comme l'Homme vicaire — *mon humanité* —, c'est le commencement de la vie. Car c'est nous voir nous-mêmes en Lui, embrassés par le Père Lui-même, et c'est ainsi entrer sous l'influence spirituelle de la vision de notre sécurité, notre paix et notre espérance réelles en Christ.

Nous voir liés à Jésus-Christ, c'est le commencement de la liberté — liberté face à notre profond égocentrisme, celui qui cause tant de ravages dans nos relations. C'est le début de la délivrance de la menace du néant, qui nous pousse à créer des systèmes et à devenir leurs esclaves. C'est le commencement de la fin des performances religieuses vides, sous toutes leurs formes, car c'est le commencement de la véritable liberté de relation avec Dieu le Père tout-puissant, de la vie vécue dans Son bon plaisir, et du partage de cette vie avec les autres.

Car voir Jésus-Christ comme l'Homme vicaire, c'est enfin voir la vérité bouleversante sur nous-mêmes — purifiés et acceptés, justifiés et embrassés. C'est nous voir non plus seuls, mais inclus ; non plus coupables, mais pardonnés ; non plus aliénés, mais réconciliés ; non plus perdus dans l'univers, mais trouvés en Jésus-Christ et établis dans le bon plaisir du Père. Et cette vision est véritablement glorieuse et puissante, vivifiante et libératrice.

Amen et alléluia !

Viens, Saint-Esprit, fais briller sur nous la lumière de Jésus.

Chapitre 5 – L'Éducation du Genre Humain

1 Corinthiens 2:12, Jean 16:5-15

Dans notre dernier chapitre, nous avons parlé des deux connexions cardinales de l'évangile. La première est la connexion entre Jésus Lui-même et le message.

L'évangile est la bonne nouvelle de Jésus-Christ. Ce n'est pas tant la nouvelle de ce qu'Il a fait, que la nouvelle de ce que le Fils de Dieu est devenu et de ce qui Lui est arrivé. Le Fils de Dieu est devenu humain, et maintenant, en tant qu'être humain, Il demeure face à face avec Son Père. Pour toute l'éternité, Il sera homme. Pour toute l'éternité, Il participera pleinement et complètement, en tant qu'homme, à l'être et à la vie de Son Père dans l'Esprit.

Dans un premier temps, l'évangile est la nouvelle de ce qui est arrivé au Fils de Dieu. Il est devenu humain, et par la vie, la crucifixion, la résurrection et l'ascension, Lui — en tant qu'homme — demeure désormais et pour toujours au cœur du cercle de la vie trinitaire et de la gloire de Dieu.

La seconde connexion est entre Jésus et nous. Dans Sa grâce souveraine, le Père nous a impliqués et enveloppés en Jésus, et dans ce qui Lui est arrivé. Jésus-Christ n'est pas simplement un autre être humain — Il est le Fils de Dieu en tant qu'homme. Il est l'Homme, Celui en qui le Père vous a saisis, vous et moi, nous a purifiés, acceptés, et rendus participants de la vie même du Dieu trinitaire.

Jésus est l'Homme vicaire. Dans ce qui Lui est arrivé — incarnation, mort, résurrection et ascension — nous avons été recréés et introduits dans la communion immédiate du Père et dans Sa vie surabondante.

Dans le second cas, l'évangile est la bonne nouvelle de la connexion décisive entre Jésus-Christ et nous. C'est la nouvelle de notre inclusion en Lui, et dans Son existence humaine justifiée, réconciliée et comblée auprès de Son Père.

Là se trouve le cœur de l'évangile. C'est la nouvelle de ce qui est arrivé au Fils de Dieu et de ce qui nous est arrivé *en Lui*. C'est la déclaration qui nous est adressée : nous ne sommes pas seuls, mais divinement unis à Jésus auprès de Son Père — selon la grande parole de Paul : « Vous êtes morts, et votre vie est cachée avec le Christ en Dieu » (COL 3,3).

Le Décalage Flagrant

Il n'est pas besoin d'être neurochirurgien pour discerner, cependant, que ce qui est devenu de nous en Jésus, l'Homme vicaire, est bien loin de ce que nous expérimentons dans nos vies aujourd'hui. Il existe un **décalage flagrant** entre ce que le Père a fait de nous en Jésus et ce que nous sommes en nous-mêmes. En Jésus, nous sommes justifiés, réconciliés, unis au Père, vivants de Sa vie et de Sa gloire. En nous-mêmes, pour l'instant, nous sommes bien loin de goûter cette justification, cette réconciliation et cette vie. Nos vies ressemblent davantage à une forme de cachette — vis-à-vis de Dieu et les uns des autres — qu'à une forme d'unité.

Pourquoi cela ? Pourquoi ce décalage flagrant ? Si le Père m'a embrassé, réconcilié, justifié et adopté en Jésus, pourquoi donc ma vie est-elle ce qu'elle est ? Où est cet embrassement et cette réconciliation ? Où sont cette gloire et cette unité ?

Si Dieu a réconcilié le monde en Jésus, pourquoi le monde est-il dans un tel chaos ?

S'Il a établi le *shalom* en Jésus, pourquoi alors nos relations sont-elles si brisées, si superficielles, et la terre si remplie de violence ?

Si Dieu a recréé la création dans l'Homme vicaire, et nous a donné non pas simplement un nouveau départ ou un nouveau statut légal, mais une humanité nouvelle, unie à Lui-même en Jésus, pourquoi alors ce conflit ? Pourquoi cette avidité, cet égoïsme, et cette « inclination au péché », comme le dit le chant ? Pourquoi cette religion vide ? Pourquoi la dépression, la colère, le cynisme ? Pourquoi la frustration, la lutte ? Pourquoi la haine, l'amertume, l'hostilité ? Pourquoi la souffrance ? Pourquoi le chaos ? Pourquoi nous sentons-nous si vides et perdus ?

Si le Père nous a exaltés au cœur même du cercle de la vie trinitaire de Dieu en Jésus-Christ, pourquoi alors y a-t-il si peu d'expérience de cette réalité — même dans l'Église ?

Qu'est-ce qui a causé cette brèche fantastique entre « qui nous sommes en Christ » et « ce que nous expérimentons dans nos vies aujourd'hui » ? Qu'est-ce qui est responsable de ce grand et laid fossé entre « ce que Dieu a fait de nous en Jésus » d'un côté, et « ce que nous ressentons, voyons, goûtons et connaissons maintenant » de l'autre ? Qu'est-ce qui a créé — et continue de créer — cette distinction si affligeante ? Qu'est-ce qui nous empêche d'expérimenter pleinement la vie et la relation avec le Père, avec les uns les autres et avec la création, qui sont pourtant nôtres en Jésus-Christ ? Qu'est-ce qui se dresse sur la route ? Qu'est-ce qui nous empêche d'être nos vrais nous-mêmes en Christ ?

Ce n'est pas Jésus-Christ qui produit la brisure, la superficialité ou la peur qui se cache. Ce n'est pas Jésus qui produit la colère ou la dépression, l'épuisement, ni la convoitise ou la cupidité. Ce n'est pas Jésus qui produit le désespoir, ou l'activisme impulsif, ou l'esclavage écrasant au système. Jésus-Christ ne produit pas le chaos ni le centrage sur soi. Il produit la vie.

La question à laquelle il faut répondre est donc la suivante : Qu'est-ce qui produit ces choses en nous ? Qu'est-ce qui façonne ce type d'existence humaine ? Quelle est cette puissance secrète à l'œuvre, qui exerce une telle force dans nos vies ? Comment opère-t-elle ? Comment prend-elle le contrôle ?

Et une question encore meilleure est : Que fait Dieu au sujet de cette puissance harcelante et dominatrice ? Le Dieu trinitaire nous a-t-Il laissés à nous-mêmes maintenant ? Le Père nous a-t-Il réconciliés et exaltés dans le cercle de Sa communion immédiate et de Sa bénédiction en Christ, pour ensuite nous abandonner à nous-mêmes afin de découvrir comment vivre dans cette gloire ? Notre Père serait-Il allé jusqu'à de telles longueurs pour planifier notre salut et l'accomplir en Christ, pour maintenant détourner Son regard de nous et nous laisser nous débrouiller ? Certainement pas ! Le Père, au nom de l'Homme vicaire, répand sur nous le Consolateur, le Saint-Esprit.

« Et Lui, quand Il se venu, convaincra le monde en ce qui concerne le péché, la justice et le jugement. » Et « l'Esprit de vérité... vous conduira dans toute la vérité » (JN 14,8.13). « Or nous n'avons pas reçu l'esprit du monde, mais l'Esprit qui vient de Dieu, afin que nous connaissions les choses que Dieu nous a librement données » (1 COR 2,12).

Les Mécaniques Spirituelles

L'expression *mécaniques spirituelles* est en quelque sorte un oxymore. Nous n'associons pas spontanément la mécanique aux réalités spirituelles. Mais la vérité, c'est que notre agir extérieur et notre manière d'être sont liés à un mécanisme intérieur qui, lui, est spirituel. Nous faisons ce que nous faisons à cause de ce qui se passe en nous. Nos actions extérieures sont le fruit de dynamiques intérieures. Nos relations — ou l'absence de relations — sont façonnées par ce qui se joue au-dedans. Nous vivons, nous agissons et réagissons, nous répondons et nous relions de l'intérieur vers l'extérieur.

Nous avons tous jeté un caillou dans un étang et observé les cercles concentriques qu'il crée. Chacun de ces cercles est, en essence, une extension ou une expression du cercle intérieur.

C'est précisément ce qu'il faut voir ici : nos valeurs et nos intérêts, nos sentiments et nos émotions, notre vision du monde et nos interprétations, nos manières d'agir et de réagir, de nous relier et de répondre — tout cela est l'expression ou l'extension du cercle intérieur de notre être.

Nous vivons de l'intérieur vers l'extérieur.

Tout cela est très spontané et involontaire — autrement dit, nous n'avons pas besoin d'y penser puis de le faire. Cela se produit simplement. Ce qui se passe en nous finit immanquablement par s'exprimer en action ou réaction extérieure — cela prend forme humaine.

On raconte l'histoire d'un pasteur qui avait oublié de renvoyer les plus jeunes enfants après la petite prédication qui leur était destinée. Il se rendit compte de son oubli lorsque deux de ses propres enfants commencèrent à avoir la bougeotte et à se tortiller sur le banc. Pour tous les jeunes enfants, rester tranquille à l'église — ou n'importe où, d'ailleurs — n'est qu'un concept abstrait. Quand arriva le moment de la prière pastorale, le prédicateur annonça la prière et la congrégation se pencha. Dans la fraction de seconde entre l'inclinaison et la prière, le prédicateur croisa le regard de ses enfants, qui vibraient littéralement sur le deuxième rang, et leur articula silencieusement : « Tenez-vous tranquilles».

Un frisson d'horreur le traversa lorsqu'il vit qu'une dame assise au premier rang se redressa brusquement et le regarda avec stupeur et incrédulité. Elle était assise pile entre le pasteur et ses enfants, et crut que le pasteur s'adressait à elle.

Qui sait ce qui a pu lui passer par la tête lorsqu'elle pensa que le prédicateur lui disait, devant toute l'assemblée : « Tenez-vous droite » ! Plus tard, le pasteur dit qu'il ne connaissait pas cette dame et qu'il n'avait vu qu'une forme floue lorsqu'elle s'était précipitée dehors sans dire un mot !

Aussi humoristique que soit cette histoire — sauf, bien sûr, pour la dame — elle nous donne une image concrète de la manière dont nos intériorités façonnent nos extériorités.

Ce qui se passe en nous s'exprime vite en action et en réaction. Il n'était pas nécessaire que la dame analyse tout cela logiquement. Elle n'avait pas à conclure qu'elle devait avoir honte et être en colère contre le pasteur, ni ensuite appliquer cette honte et cette colère dans sa relation avec lui. Cela s'est simplement produit. Ce qu'elle a perçu a immédiatement fermé sa capacité relationnelle — cela a pris forme relationnelle.

C'était spontané. Cela a dominé toute son attitude envers le culte et les personnes autour d'elle. Son cercle intérieur a produit des cercles extérieurs ; il s'est exprimé dans sa manière d'être en relation — ou de ne pas l'être.

Permettez-moi une autre illustration. Deux enfants jouent dans le salon avec leur père et leur mère. Ils s'amusent comme des fous, rient, font les pitres. C'est une scène de liberté totale, de chez-soi, de joie. Un ami du père sonne à la porte. Il est invité à entrer et s'assoit sur le canapé. Les enfants cessent de jouer et deviennent silencieux. Le petit garçon tire la visière de sa casquette sur ses yeux. Les enfants s'agrippent à leurs parents. Ils se déplacent vers un coin de la pièce, rampent sous une table et se mettent à jouer doucement.

La scène a changé radicalement. Un instant, il y a la liberté d'être ; l'instant d'après, il y a le retrait et la dissimulation. Un instant, une joie débordante ; l'instant suivant, l'insécurité et le silence. Ce n'est pas que les enfants aient eu à réfléchir. Ils ont perçu l'ami du père comme un intrus, un étranger, peut-être même une menace ou un ennemi. Et leur perception intérieure s'est immédiatement incarnée dans leur manière d'être et d'agir. Leur perception s'est appliquée à leur attitude ; elle s'est répercutée dans leurs relations. Leur intérieur s'est exprimé dans leur extérieur.

Maintenant, ces histoires sont simples et, plus ou moins, des illustrations de surface, mais elles nous aident à voir qu'il existe bel et bien quelque chose comme des mécaniques spirituelles à l'œuvre dans nos vies. Elles nous aident à voir que nous sommes des créatures spontanées ; nous vivons spontanément de l'intérieur vers l'extérieur. De plus, elles nous aident à voir que cet « intérieur » qui exerce une telle influence sur nous, c'est *la perception, le savoir, le croire.*

L'un des grands mots bibliques qui rassemble tout cela, et lui donne une profondeur et une richesse bien plus grandes, est le mot âme. L'âme est le centre de notre humanité. Elle est le cercle intérieur, le noyau, l'homme le plus intérieur. Elle n'est pas comme un doigt ou une jambe — pas une partie qui s'ajoute à d'autres pour constituer notre humanité. L'âme est le point où tout en nous converge et s'intègre. Elle est le centre de notre humanité physique, intellectuelle, émotionnelle et relationnelle.

L'âme ressemble à une source qui s'écoule dans chaque dimension de notre existence. Ce qui se passe dans l'âme s'exprime spontanément et prend forme dans la vie. En d'autres termes, la raison pour laquelle nous faisons ce que nous faisons, agissons comme nous agissons et réagissons comme nous réagissons, c'est à cause de ce qui se passe dans nos âmes. D'une manière simple et pourtant profonde, nous sommes l'expression de nos âmes.

Nous aimons parler de liberté en Amérique, mais il n'y a là aucune liberté réelle. Aucun d'entre nous n'est libre vis-à-vis de son âme. Son influence physique, émotionnelle et relationnelle est inévitable. L'âme s'applique à nous. C'est ainsi que nous sommes conçus. Pensez à un oignon. Il y a couche après couche. Mais, en essence, chaque couche n'est que l'expression du noyau intérieur. Ce noyau intérieur, pour nous, c'est l'âme. Et elle a, pour ainsi dire, notre vie propre. Elle voit. Elle entend. Elle croit. Elle sait. Et ce qu'elle voit et entend, ce qu'elle sait et croit, prend spontanément forme dans nos attitudes et nos émotions, et s'exprime dans notre manière de nous relier et de répondre à tout ce qui nous entoure.

Ce qui se passe dans notre être le plus intérieur n'a pas seulement une influence périphérique sur nous. C'est le secret caché de notre manière de vivre. C'est, au sens le plus fondamental, la raison pour laquelle nous sommes ce que nous sommes, pourquoi nous agissons comme nous agissons, et faisons ce que nous faisons.

Le Vrai Problème

Le décalage flagrant entre « ce que Dieu a fait de nous en Christ » et « ce que nous expérimentons dans nos vies aujourd'hui » trouve sa cause humaine ici même, dans l'âme, et plus précisément dans ce que nos âmes savent et croient.

Sans vouloir simplifier à l'extrême, la vérité est que c'est le savoir de l'âme qui produit notre angoisse et notre mal-être. C'est la perception de l'âme qui produit notre convoitise et notre avidité, notre frustration, notre colère et notre dépression, notre activisme impulsif et notre assujettissement au système de quelqu'un d'autre. C'est le croire de l'âme qui produit le repli, la brisure et la superficialité pitoyable de nos relations.

Bien sûr, de nombreux autres facteurs doivent être pris en compte. Mais le problème ultime est que vous et moi, et le monde entier, vivons dans l'ombre. Nous ne percevons pas les choses telles qu'elles sont réellement. Nous ne savons pas encore, véritablement, qui nous sommes en Jésus-Christ.

Nous en avons eu un aperçu. Cela a jailli devant

nous et allumé une lueur d'espérance, de foi et de désir en nous. Mais la vérité réelle de ce que le Père a fait de nous et a accompli en nous dans Son Fils est plus proche d'une rumeur que nous avons entendue et en laquelle nous croyons seulement vaguement. Nous ne connaissons pas encore comme nous sommes connus (1 Cor 13:12).

Pour l'instant, nous ne faisons que regarder par-dessus le coin de la table, comme les enfants, en commençant à soupçonner que peut-être le visiteur est un ami et non un intrus.

Mais l'âme n'est pas encore complètement convaincue.

Quand cela arrivera, quand la vérité de ce que Dieu a fait de nous en Jésus-Christ prendra racine dans nos âmes et passera du stade de suspicion pleine d'espoir à celui de connaissance spirituelle fondamentale, alors la glorieuse libération de notre adoption deviendra l'atmosphère spontanée de notre vie et de notre manière de vivre, la lumière de notre vie. Elle portera du fruit dans notre manière de penser et de voir, dans notre manière d'interagir et de répondre. Elle s'exprimera et se répandra dans chaque recoin de notre humanité et de notre être humain. Nous « deviendrons » ce que nous « sommes » en Christ : réconciliés, correctement reliés au Père, aux autres et à la création.

Comme Jésus l'a dit, c'est la connaissance de la vérité qui nous rend libres (Jn 8:31-32).

La transformation de notre expérience que nous recherchons, nous dit Paul, vient par le renouvellement de notre esprit, par la conversion de notre compréhension spirituelle, de notre savoir et de notre croyance (Rom 12:2). Ainsi, il prie pour les Éphésiens que Dieu leur accorde l'Esprit de sagesse et de révélation dans la connaissance de Christ, afin que les yeux de leur cœur soient éclairés, et qu'ils connaissent l'espérance, la richesse et la puissance de l'œuvre de Dieu en Christ (Éph 1:17-19 ; cf. 3:14-19 ; Col 1:9 s.).

Tout se résume à la connaissance spirituelle de l'âme.

C'est là la mission du Saint-Esprit aujourd'hui. Il nous a été donné pour nous conduire à connaître ce que le Père a fait de nous en Jésus. Et il ne s'agit pas ici d'un simple savoir intellectuel, ni d'un savoir doctrinal abstrait. Il ne s'agit pas d'une foi comme un grain de moutarde ou d'une suspicion pleine d'espoir, mais d'une connaissance spirituelle pleinement assurée et convaincue. Une appréhension inébranlable, dans l'Esprit, éclairée et libre, de la vérité de qui nous sommes en Christ, dans les profondeurs de nos âmes, au cœur de notre être, dans l'homme le plus intérieur.

Pendant ce temps, l'absence de connaissance de l'âme, de ce que le Père a fait de nous en Jésus, ne nous laisse pas dans une croyance et un savoir neutres. Elle ne laisse pas l'âme, avec tous ses cercles qui s'étendent spontanément et son influence omniprésente, scellée dans un vide neutre. Elle la laisse sous le harcèlement de Diabolos — le diable, l'adversaire, l'accusateur, l'auteur de la confusion et le père du mensonge.

Il nous trompe constamment en nous déclarant perdus, en insécurité, menacés, seuls et coupables. Et sa « parole » crée l'angoisse dans nos âmes, qui nous pousse et prend forme dans notre être et nos relations. Sa parole forme son propre monde et sa propre histoire.

Le vrai problème est ici : le décalage flagrant entre qui nous sommes en Christ et qui nous sommes dans notre expérience est le résultat d'une profonde tromperie spirituelle — le mensonge de l'ennemi, d'une part, et l'acceptation de ce mensonge par l'âme, d'autre part.

L'Onde de la Tromperie de l'Âme

Si nous pelions les couches de notre humanité, jusqu'au plus profond de notre être, que pensez-vous que nous trouverions ? Je crois que nous trouverions la foi. Oui, la foi.

Le problème pour nous n'est pas que l'âme soit dépourvue de foi. Chacun de nous est croyant. Et nous vivons tous par notre foi — notre croyance prend forme ; elle s'exprime dans notre être. Le problème n'est pas de croire ou non ; le problème est *ce en quoi* nous croyons.

Le point qu'il faut souligner ici est que nous avons été trompés, qu'on nous a vendu un mensonge sur nous-mêmes et sur Dieu, et que nous y avons cru. Sans exception, nous sommes tous dans l'ombre. Notre vision et notre croyance spirituelles sont faussées. Cela signifie que ce que l'âme perçoit, ce qu'elle sait et croit, c'est le mensonge selon lequel je suis perdu.

Il se peut, comme nous l'avons dit plus tôt, que cette croyance spirituelle n'ait jamais traversé votre conscience. Il se peut que vous n'y ayez jamais réfléchi. Mais rappelez-vous : nous ne parlons pas ici de raisonnement intellectuel, mais du penser de l'âme. Que nous en soyons consciemment conscients ou non, nous sommes tous auditeurs et croyants de la parole de notre perdition.

Au plus profond de votre humanité, vous savez que vous êtes perdu. Vous savez et croyez que vous n'êtes pas juste, que vous n'êtes pas ce que vous devriez être, que vous êtes tombé, aliéné. Vous savez que vous n'êtes pas chez vous.

Et cette connaissance du mensonge — c'est-à-dire cette sensation menaçante de perdition — nous hante inévitablement et irrésistiblement. Elle engendre une profonde insécurité.

Elle crée peur, désespoir et vide intérieur. Et cette seule connaissance, sans même ajouter d'autres facteurs comme la culpabilité et la honte, est mortelle. Car ce mélange se répand dans toute notre vie.

L'insécurité, la peur, le désespoir — et souvenez-vous, nous ne parlons pas ici de choses superficielles, mais de connaissance spirituelle à la racine de notre être

— s'expriment spontanément dans nos attitudes ; elles prennent forme dans nos émotions, actions, réactions et relations.

Par exemple, l'insécurité engendre l'égoïsme. C'est automatique. Elle nous force à nous préoccuper de nous-mêmes et de notre bien-être. Nous n'avons pas d'autre choix que de nous protéger — car nous ne sommes pas en sécurité. Elle crée le sentiment de solitude, le besoin d'acceptation, et la volonté de prouver que nous sommes « quelqu'un ». Elle nous pousse à chercher quelque chose qui nous sécurisera. Cela se produit simplement.

Si seulement ces forces étaient périphériques dans nos vies, les choses ne seraient pas si mauvaises. Mais elles sont bien trop profondes et personnelles pour être superficielles. Elles nous entraînent. Elles nous dominent. Elles nous façonnent. Notre vie, nos relations et nos réponses deviennent toutes des variations sur le zèle de l'âme à faire face à son insécurité insupportable.

Nous convoitions le pouvoir, le contrôle et le statut parce que l'âme cherche désespérément la sécurité. Et en l'absence de connaissance de notre sécurité en Jésus-Christ, l'âme est obligée de se tourner ailleurs pour la trouver. Elle est forcée de croire que ces choses lui apporteront réellement la sécurité.

La source de l'avidité et du désir insatiable de possessions n'est-elle pas simplement l'expression ondulante de la faim de l'âme pour la sécurité ? L'avidité ne naît-elle pas de la croyance que nous trouverons la sécurité véritable si nous avons juste un peu plus de ce que nous croyons nécessaire ? « Si je pouvais juste faire cela. » « Si je pouvais juste avoir encore un peu plus. »

« Si je pouvais juste déménager, obtenir ce poste, me marier, devenir membre de ce club, obtenir cette voiture, ce diplôme, cette église. » Ou encore : « Si nous pouvions juste lancer ce programme à l'église… »

Et puis, nous devenons colériques, frustrés, déprimés, amers et cyniques, quand nous n'obtenons pas ce que nous pensons pouvoir nous sécuriser, ou que nous l'obtenons et que cela ne remplit pas sa promesse ; cela ne dissipe pas notre angoisse. Nous devenons jaloux de ceux qui semblent avoir ce que nous voulons et nous les dénigrons, les calomniant.

Nous nous prosternons devant le club, le statu quo ou l'apparence, pour le moindre et fugace signe d'acceptation, ou pour l'argent. Une véritable esclavage !

Pourquoi ? Pourquoi faisons-nous cela ? N'est-ce pas parce que l'âme est tellement aveuglée, et donc inconsciemment menacée par la perdition et l'insécurité, qu'elle fera tout pour nous donner l'impression que nous sommes « quelqu'un » ?

Tout ce processus est insatiable. Il ne fonctionne jamais. Peu importe combien nous avons, jusqu'où nous allons, ou combien nous grimpons, ou ce que nous contrôlons, cela ne fonctionne pas. Nous restons de petits souris inquiètes, harcelées et esclaves.

Et le prédicateur nous dit de faire plus pour Jésus, lire davantage, prier plus fort, nous impliquer plus dans l'église, donner plus d'argent…

Nous avons été trompés sur nous-mêmes et sur Dieu. Nous sommes dans l'ombre. D'un côté, le mensonge selon lequel nous sommes perdus, et son fruit principal, l'insécurité spirituelle, nous renvoie sur nous-mêmes. Il nous pousse — de toutes les choses possibles — à croire en nous-mêmes, à croire que nous pouvons et devons faire quelque chose pour nous sécuriser, pour nous sauver et nous donner la vie.

Toute notre vie — nos relations, nos actions et réactions, nos déplacements et nos activités — commence à n'être que l'onde prolongée du sentiment de perdition de l'âme, et donc la quête pour se sauver elle-même.

D'un autre côté, le mensonge et son insécurité nous pousse dans le déni, c'est-à-dire la tentative d'ignorer l'âme et sa douleur — car elle est insupportable. Nous travaillons de toutes nos forces pour prétendre que tout va bien. Il n'y a pas d'angoisse. Nous allons bien.

Nous maintenons tout à un niveau superficiel et refusons obstinément de laisser quoi que ce soit nous réveiller ou nous alerter sur notre douleur. Nous nous assurons d'être occupés, même occupés à ne rien faire. Car être immobile nous rapproche trop de la fréquence de l'âme. Nous devenons des magiciens de la rhétorique et du battage, car nous devons nous convaincre nous-mêmes et convaincre les autres que ce que nous possédons est réellement la vie.

Il ne faut pas oublier que les gens les plus saints et religieux du temps de Jésus — les pharisiens — n'étaient ni saints ni vraiment religieux, mais simplement des maîtres dans l'art du déni. Ils ont créé la forme la plus sophistiquée du déni et ils n'étaient pas des amateurs dans leur art. Oui, très souvent, le déni prend la forme de la religion, du service pour Dieu.

Gardez les yeux ouverts, car les pharisiens nous enseignent qu'il est tout à fait possible qu'un système entier de service religieux à Dieu, tout un ordre de vie ecclésiale, ne soit rien d'autre qu'un ingénieux mécanisme de déni — un mécanisme qui invente habilement le service à Dieu, revêt joyeusement les habits et fait des gestes sacrés, et utilise le langage de l'Évangile comme principal moyen d'empêcher le cri, la peur et la douleur de l'âme de devenir la question réelle et unique de la vie. Écoutez ce que dit l'un de nos pasteurs vétérans :

> « Les gens sont mal à l'aise avec le mystère (Dieu) et le désordre (eux-mêmes). Ils évitent à la fois le mystère et le désordre en élaborant des programmes et en engageant des pasteurs

> pour les gérer… Nous n'avons pas à faire face à nous-mêmes ou à Dieu, mais nous pouvons utiliser le vocabulaire de la religion et travailler dans un environnement qui reconnaît Dieu, et ainsi être assurés que nous faisons quelque chose d'important. » (Eugene H. Peterson, *The Contemplative Pastor*, Grand Rapids: William B. Eerdmans Pub. Co., 1989, p. 48).

C'est étrange, mais vrai : la multitude d'appels téléphoniques durant la semaine, les emplois du temps surchargés que nous nous imposons, le déplacement des enfants, les courses, les heures passées devant la télévision, la sortie du vendredi soir avec les amis, le match ou la partie de pêche du samedi, l'assistance à l'église, même la prédication du dimanche et le blitz évangélique du dimanche après-midi peuvent tous être simplement des variations sur le même thème du déni — faire face à l'âme et à son insécurité avec la drogue de l'activité.

L'âme fait des ondulations. Elle se forme spontanément dans l'être humain, dans l'agir et le relationnel. Le seul et unique pouvoir que Satan possède est le pouvoir de l'illusion, du mensonge. Et sa stratégie unique est de nous tromper, de tromper nos âmes en leur faisant croire que nous sommes perdus. Car alors, il nous entraîne à tomber dans un schéma de salut par soi-même ou dans un mode de déni après l'autre.

L'Espérance de l'Esprit

Il demeure pourtant un fait inébranlable : Dieu a réconcilié le monde en Jésus-Christ. Et le Père et le Fils ne sont absolument pas silencieux à ce sujet. Au cœur même de nos schémas d'auto-salut et de nos modes de déni, le Père, au nom de l'Homme vicaire, répand l'Esprit sur nous. Et la mission de l'Esprit, aujourd'hui, n'est pas de corriger quelques-unes des ondulations extérieures — ces expressions secondaires ou tertiaires de la tromperie de notre âme. Il n'a pas été envoyé pour mettre un simple pansement sur un cancer spirituel. Il vient ouvrir un passage jusqu'à nos âmes pour que le Père puisse y faire résonner la Parole de vérité.

L'Esprit ne s'intéresse pas aux affaires périphériques. Il connaît le vrai problème. Et Il vient directement à l'essentiel.

Il est maintenant à l'œuvre, sur et en chacun de nous, opérant une chirurgie sur nos yeux et nos oreilles, afin que nous puissions voir la Lumière du Christ et entendre la Parole du Christ.

Il lutte avec nous, avec notre perception profondément obscurcie, avec notre croyance déformé, pour nous amener à connaître la vérité de ce que le Père a fait de nous en Christ.

Voilà la véritable solution : la connaissance de l'âme concernant qui nous sommes en Jésus — justifiés, réconciliés, embrassés, sécurisés. Et c'est là l'essence même du ministère de l'Esprit aujourd'hui : révéler Jésus-Christ à l'âme trompée.

L'Esprit ne traite pas dans le registre d'un savoir purement intellectuel. Il vient enseigner l'âme. Il vient dispenser la connaissance de Jésus-Christ dans les recoins les plus intérieurs de notre être. Car l'Esprit connaît parfaitement l'ondulation. Il est un spécialiste des mécaniques spirituelles. Il sait que la *metanoia* — un grand renversement, la conversion de la perception de l'âme — porte du fruit.

La connaissance, par l'âme, de l'étreinte du Père en Jésus crée sa propre personne, sa propre vie, ses propres relations, son propre monde et son histoire. L'Esprit sait que le décalage flagrant — la brèche immense — entre « qui nous sommes en Jésus-Christ » et « ce que nous expérimentons maintenant » est dû à une déception spirituelle intense. Il vient donc pour apporter la lumière, la Lumière de la vie, la Parole de la vie. Il sait que l'echo de la Parole du Christ dans l'âme commence à faire onduler dans notre expérience la sécurité, la paix, la joie, la gloire, la guérison, la plénitude et de vrais relations. Cela commence à produire le Royaume dans nos vies — un fleuve d'eau vive jaillissant du plus profond de notre être.

Ce n'est pas un hasard si l'apôtre Paul appelle cela le fruit de l'Esprit (GAL 5:22). Ce n'est pas un hasard non plus s'il dit que l'Esprit rend témoignage à notre esprit que nous sommes enfants de Dieu, et qu'Il crie en nos cœurs : *Abba ! Père !* (ROM 8:15–16 ; GAL 4:6). Car ce n'est pas notre fruit. Ce n'est pas notre création. C'est le fruit du témoignage de l'Esprit à la vérité en Christ, telle qu'elle résonne dans nos âmes — tout comme le décalage flagrant est l'ondulation du mensonge du malin.

Si vous êtes comme moi, alors vous désirez que l'Esprit s'y mette tout de suite. Un petit *zapping* instantané à l'américaine ferait tout à fait l'affaire. « Appuie sur l'interrupteur, Saint-Esprit, s'il te plaît. » « Donne-nous une formule secrète ou un élixir magique à prendre. »

En réalité, l'Esprit est bel et bien en train de s'y mettre. C'est justement ce que cette vie signifie. C'est un processus d'environ 80 ans d'illumination spirituelle. Et c'est aussi ce que signifie toute l'histoire : l'illumination de l'âme collective de l'humanité, l'éducation de la race humaine.

J'ai lu quelque part le compte rendu d'une expérience scientifique réalisée sur des souriceaux nouveau-nés. Les chercheurs prirent six souris, tout juste sorties du ventre de leur mère, et les placèrent dans une petite maison spécialement conçue. Ce qui rendait cette maison unique, c'est qu'elle ne contenait aucune ligne horizontale. Tout y était soit vertical, soit courbe. Pendant une année complète, les souris vécurent dans cette maison. Elles n'en sortirent jamais.

Puis, après un an, les scientifiques tendirent des fils horizontalement d'un mur à l'autre — et ils découvrirent très vite que les souris ne pouvaient pas les voir. Les petites souris se cognaient continuellement contre les fils, comme s'ils n'existaient pas. Elles s'ensanglantaient le museau. Elles n'avaient aucune capacité de les concevoir. Les chercheurs allèrent jusqu'à peindre les fils avec toutes les couleurs de l'arc-en-ciel. Mais en vain : les souris ne les voyaient pas. Peu à peu, cependant, les souris développèrent la capacité de concevoir ces fils.

Cette histoire est une illustration saisissante du problème de la vision. Elle nous montre que la perception — le fait de venir à voir et à connaître — n'est pas instantanée. C'est un processus. Et, tout aussi important, elle nous donne une image de la manière dont la douleur entre en jeu pour nous donner les yeux qui voient.

Toute notre vie se résume à cela : être éduqués par l'Esprit, être conduits à percevoir et à connaître ce que le Père a fait de nous en Jésus-Christ.

Cette connaissance est un processus qui demande du temps et implique de la douleur. Cela est encore plus vrai lorsque la perception est spirituelle et la connaissance celle de l'âme. Et ce qui complique ce processus d'apprentissage de la vision, c'est que nous ne sommes pas une *tabula rasa,* une ardoise vierge. Notre voir et notre connaître sont déjà faussés, tordus, obscurcis — trompés. De plus, nous sommes inévitablement immergés dans une perception culturelle elle-même trompée.

Il ne s'agit pas que l'on nous zappe. Il n'y a pas d'illumination instantanée de l'âme — ni individuelle, ni collective. C'est un processus. Un long processus, fait de douleur, de sang, de sueur et de larmes. Et c'est exactement ce que l'Esprit est en train d'accomplir dans nos vies aujourd'hui, pas à pas, coup après coup, ligne après ligne.

Dans la grâce créatrice de l'Esprit, la tromperie et nos échecs sont utilisés comme instruments de notre illumination. Comme Luther l'a dit : « *Dieu forme des théologiens en les envoyant en enfer.* » La misère est un bon professeur. Elle nous apprend qu'elle n'est pas une amie, que nous ne voulons pas avoir communion avec elle, et elle crée en nous une faim de vie véritable. Mais ce n'est pas seulement ainsi que Dieu fait des théologiens : c'est ainsi que l'Esprit éduque chacun de nous, ainsi que toute l'humanité, dans l'école du Christ.

Il permet à la tromperie du Diabolos d'agir en nous, de se former dans nos schémas d'auto-salut et dans nos diverses formes de déni. Il nous laisse de la place — beaucoup de place — et du temps pour tenter de nous sécurisés nous-même et de nous donner la vie. Il nous laisse de la place pour essayer de vivre dans le déni. Il laisse la perdition de nos âmes se former en toutes sortes de brisements.

L'Esprit ne nous abandonne pas. Il nous permet, nous et nos familles, nos églises, nos cultures, nos nations et notre histoire, de nous détraquer et de nous effondrer. Il permet au « ripple », à l'onde de la tromperie, de produire en nous misère, vide et mort. Car Il se sert de tout cela pour nous amener au bout de nous-mêmes, et au bout de nos grandes entreprises « productrices de vie ». Il s'en sert pour nous conduire à une conscience inévitable et perçante de la misère du mensonge, là où notre propre douleur commence à briser la façade et à traverser notre déni. Et nous sommes en larmes — individuellement, en familles, en églises, et en nations.

Et ce ne sont pas des larmes superficielles, mais les larmes de notre être intérieur, qui crie au secours et à la vie.

C'est ainsi que l'Esprit ouvre un passage vers l'âme. Écoutez les paroles de John Newton, l'auteur de *Amazing Grace* et d'autres cantiques :

Je demandai au Seigneur de grandir,
En foi, en amour, en toute grâce,
De mieux connaître Son salut,
Et de chercher Sa face avec ardeur.

J'espérais qu'en quelque heure bénie
Il répondrait d'un coup à ma requête,
Et que, par la force contraignante de Son amour,
Il vaincrait mes péchés et m'accorderait le repos.

Au lieu de cela, Il me fit sentir
Les maux cachés de mon cœur ;
Et laissa les puissances en colère de l'enfer
Assaillir mon âme de toutes parts.

Oui, plus encore : de Sa propre main,
Il sembla vouloir accroître mon malheur ;
Il renversa tous les beaux projets que j'avais conçus,
Flétrit mes abris, et m'abattit.

« Seigneur, pourquoi cela ? » criai-je en tremblant,
« Poursuivras-Tu ton pauvre ver jusqu'à la mort ? »
« C'est ainsi, » répondit le Seigneur,
« Que j'exauce les prières pour la grâce et la foi.

Ces épreuves intérieures, Je les emploie
Pour te libérer de toi-même et de ton orgueil ;
Et pour briser tes projets de joie terrestre,

(tiré de l'hymne « Prayer Answered by Crosses »)

C'est cela qui donne sens à l'exhortation, autrement incompréhensible, des Écritures : tenir pour une joie l'arrivée de toutes sortes d'épreuves (Jac 1.2), et se glorifier—non pas seulement les accepter, notez-le bien, mais s'en glorifier—

dans nos tribulations (Rom 5.3). Tout cela appartient à l'œuvre libératrice de l'Esprit.

Il recueille nos manquements, ceux des individus comme ceux des familles, des Églises et des nations, et les façonne en instruments de sa chirurgie. Il s'en sert pour trancher notre aveuglement et notre illusion, afin que nous commencions enfin à voir et à entendre—vraiment voir, vraiment entendre—la bonne nouvelle saisissante qui était là depuis toujours.

Car ce monde est un monde divin. Votre vie n'est pas simplement votre vie. L'histoire humaine n'est pas seulement humaine. Elle est l'histoire de la révélation de l'Homme vicaire. C'est l'arène où l'Esprit lutte souverainement contre la tromperie et les ruines qui se répandent depuis les âmes des hommes et des nations, et où Il transforme tout cela en un mouvement vivant d'éducation du genre humain.

Sous la conduite de l'Esprit, la nouvelle de ce que notre Père, dans sa grâce souveraine, a fait de nous et accompli pour nous en Jésus-Christ notre Seigneur, atteint les âmes tremblantes des hommes et des nations que la tromperie a conduits à la détresse. Il se sert de cette tromperie elle-même, avec une précision souveraine, pour ouvrir nos cœurs, puis Il y fait briller la Lumière de Jésus-Christ. Par la Parole de Dieu, Il fait retentir dans les profondeurs de notre être notre véritable espérance, notre paix, notre délivrance, notre dignité, notre sécurité, notre gloire. Alors nous sommes prêts à entendre, à voir, à croire. Et cette écoute, cette vision, cette foi crée des vagues autours de nous.

Si nous ne fléchissons pas, si nous reconnaissons notre déni au moment même où la souffrance le brise, si nous ne nous cramponnons pas à notre vide et à notre néant religieux lorsqu'ils sont mis en lumière, si nous ne résistons pas à l'Esprit lorsqu'Il opère sa chirurgie, alors nous connaîtrons la vérité, et la vérité nous rendra libres.

Si nous ne préférons pas les ténèbres, la Parole éternelle

de Jésus-Christ trouvera en nos âmes une demeure prête, et la glorieuse réalité de notre adoption en Lui commencera à pénétrer chaque recoin de notre existence humaine. Notre véritable humanité, cachée en Jésus-Christ auprès du Père, commencera à prendre forme dans notre expérience, par l'Esprit.

La nouvelle du Dieu trinitaire remplira nos âmes de paix, de dignité, de sécurité et de joie, d'espérance, de foi et d'amour, et tout cela jaillira naturellement lorsque nous travaillons ou jouons, lorsque nous chantons et dansons, dans nos labeurs et nos loisirs—dans toute notre manière de vivre, de répondre, de nous relier. Et nous nous découvrirons devenant vraiment humains, participants à la vie du Fils incarné avec son Père, dans l'Esprit.

« Car notre légère affliction du moment produit pour nous, au-delà de toute mesure, un poids éternel de gloire » (2 COR 4.17).

« Bien-aimés, dès maintenant nous sommes enfants de Dieu, et ce que nous serons n'a pas encore été manifesté ; mais nous savons que, lorsqu'Il apparaîtra, nous serons semblables à Lui, parce que nous Le verrons tel qu'Il est » (1 JN 3.2).

Ô Entends la Parole Proclamée pour Toi

(*sur l'air d'Ellacombe*)

Ô entends la Parole déclaré pour toi, Il est devenu homme pour nous ;
La passion du Père ne cesse point d'accomplir son dessein.
Réveille-toi : le temps est accompli, l'échange est consommé ;
Le Fils de Dieu prend notre place, la volonté du Père s'accomplit.

Ô contemple l'éternel Fils, riche devenu pauvre ;
Il a combattu dans notre manque, coup après coup, sans fléchir.
Réveille-toi : vois sa richesse souffrante—pour cela Il est venu :
Offrir le trésor de la Vie trinitaire à notre humanité.

Ô vois notre chair misérable embrassée par le Très-Haut ;
Il a plongé dans nos ténèbres pour y porter la lumière.
Réveille-toi : vois la grâce étonnante—en chair, le Père révélé,
Pour partager avec nous, tout près, la Vie qui est la sienne.

Ô Saint-Esprit, accorde-nous, visage dévoilé,
De contempler cet Homme, de connaître son cœur, son âme, son esprit,
Et de partager sa victoire. Inspire nos cœurs vides
À courir vers ce Vicaire glorieux, pour trouver communion
Avec Lui, l'unique Fils véritable du Père.

Livres disponibles en Anglais

Patmos:

Three Days, Two Men
One Extraordinary Conversation

When Aidan finds himself far from his native Mississippi, he inexplicably meets the Apostle John on the isle of Patmos. Beaten down by the modern world and desperate for answers his years of study have failed to satisfy, Aidan is confronted with astounding insight from the beloved disciple of Jesus. The two begin an extraordinary dialogue of truth and lies, revelation and deception, sorrow and joy. Second Edition.

"*Patmos* is a gateway drug to deep and engaging theology and transformation!"

WM. PAUL YOUNG
#1 *New York Times* best-selling author of *The Shack*

The Shack Revisited

Millions have found their spiritual hunger satisfied by William P. Young's #1 *New York Times* bestseller *The Shack* – the story of a man lifted from the depths of despair through his life altering encounter with God the Father, God the Son and God the Holy Spirit. C. Baxter Kruger's *The Shack Revisited* guides readers Into a deeper understanding of these three persons to help readers have a more profound connection with the core message of *The Shack* – that God is love.

"Baxter Kruger will stun readers with his unique cross of intellectual brilliance and creative genius as he takes them deep into the wonder, worship, and possibility that is the world of *The Shack*."

WM. PAUL YOUNG
AUTHOR OF *THE SHACK* AND *EVE*

Across All Worlds

Jesus Inside Our Darkness

Drawing from the early Church's vision of Jesus, in Across All Worlds, Baxter Kruger brings us face to face with the astonishing fact that Jesus has established a very real and personal relationship with us in our darkness. Jesus is present, not absent, and he is present with and in us as we are, not as we pretend to be on Sunday morning, in the very places where we are ashamed of ourselves and where our demons hide. For Jesus refuses to be the Father's Son and the One anointed in the Holy Spirit without us, and the us He refuses to leave behind is the broken us, the obstinate, hiding blind us. We are in for a wild and liberating ride, but Jesus will not let us go until we see what He sees, know what He knows, feels what he feels, and live in His freedom.

"Across All Worlds is a superb book which I shall be recommending . . ."

Professor Alan J. Torrence
St. Andrews Scotland

The Great Dance:

The Christian Vision Revisited

From motherhood to baseball, from relationships and music to golf and gardening, Kruger shows how our human existence needs to be understood as participation in the life of the Father, Son and Spirit. Step by step, Kruger walks us through the stratagems of evil and the messes we make of our lives. More importantly, he explains why we hurt, what we are really after and how to get there, and why faith in Jesus Christ is so critical for abundant life.

Written with pace and poetry and winsome grace, The Great Dance is the voice of the ancient church speaking to us across the ages through the pen of a Southerner who loves life. This is theology at its very best-steeped in tradition, yet unfamiliar and exciting, even revolutionary; deeply personal and honest, yet universally relevant.

Jesus and the Undoing of Adam

In Jesus and the Undoing of Adam, Dr. C Baxter Kruger takes aim at what he considers to be the sin of all sins in the Westrn Church. If you are a Bible believer yet feel uncomfortable with the ideas that our Father had to be appeased to accept us, and that Jesus' suffering on the cross was from His Father, then this book is for you. Concise, clear, tightly argued and compelling, Jesus and the Undoing of Adam offers a biblical and inspiring vision of Jesus' death as an act of the Father, Son and Spirit in complete unity reaching us in our great darkness. Includes an exposition of Ps 22:1, "My God, My God, why have you forsaken Me," and a sermon on Good Friday.

"Theology is a vehicle created for exploring the wonder and depths of God with us. Sadly, many driving the vehicles are prone to taking the same safe roads, in their all too familiar economy sedans. Thankfully, from time to time an adventurer comes along, who in obediently choosing to leave the main thoroughfare leads us into the deep, vast mysteries of the glorious triune God. Baxter Kruger is just such an adventurer, and Jesus and the Undoing of Adam is his latest all-terain transportation; I have benefited greatly from the ride."

Glen Soderholm
Pastor, Singer/Songwriter, Toronto, Canada

The Mediation of Jesus Christ

"It takes expertise to take something complex and render it simple enough for everyone to understand. Just as Paul the Apostle has done in Ephesians chapter 1 by giving us the synopsis of his entire theology in one chapter, Baxter has done the same in The Mediation of Jesus Christ. He has given us the context in which we can approach all of the scriptures and our own lives. I would encourage you to engage with it as many times as you can, so that you will be transformed."

— Jesudian Silvester, Chennai, India

Small Books by C. Baxter Kruger

The Parable of the Dancing God

Building on Jesus' story of a father and his two sons, Dr. Kruger's first—and now internationally best-selling—book is a short and powerful picture of the shocking truth about God. Far from being a bookkeeping legalist, who watches us like a hawk to see if we keep His rules, the Father Jesus reveals is a passionate Father who loves us forever, and desires nothing from us except that we know His acceptance and delight and live in their freedom. Loved around the world and used by pastors, therapists and recovery groups everywhere, this little book brings you face to face with the Father heart of God. It is simple, direct and fearlessly beautiful.

"I had tried for 55 years, 11 months, and 16 days to get it right. I mean, tried really hard. It was after 11 o'clock that night when I decided I had to read this little booklet "Parable of the Dancing God" my son-in-law had sent me. When I got to about the third page, I felt like I had been hit in the face with an iron frying pan. I laid back on the pillow, bewildered, and said, "God, have I been thinking wrong all my life?" The response was a simple and clear, "Yes." And that is just the tip of the iceberg.

Julian Fagan,
Attorney, Amory, Mississippi

The Secret

What You Know But Never Knew

This book is a veritable laser beam cutting through the haze of religious confusion. With the turn of a few pages you will see Jesus Christ, not as a spectator who merely watches you from a distance, but as the secret of your very existence. You will come to see your self and your life as you have never seen them. Simple. Clear. Astonishing. This book should be required reading for every person in the Western World.

Home:

The Inconsolable Dream

Home is among the most evocative and haunting words in our language. Like any other word, it is simply an arrangement of consonants and vowels, yet it possesses the uncanny capacity to speak volumes to us and an almost magical ability to touch our souls. Why is this? What is it about this word? Why does it seem to have such a special ability to touch us so deeply

www.ingramcontent.com/pod-product-compliance
Lightning Source LLC
LaVergne TN
LVHW101949220826
846093LV00006B/149